열여섯 번째 시조모음

한 가 락

한가락 모임 엮음

도서출판
다운샘

책 머리에

한가락이 처음 결성되어 경기도 포천의 여말(麗末) 절의 충신 성여완(成汝完) 이헌(怡軒)공의 묘소를 찾은 것으로부터 열여섯 해, 그간 주로 여말 절신들의 유적(遺蹟)을 찾아 다녔고, 창립 10주년이 되던 때에는 민족의 영산(靈山)인 백두산과 단군(檀君)이 제사를 올리던 참성단(塹星壇)에 올라 참배하여 우리의 민족정기를 되새겼으며, 이번 호에는 광주광역시 정지(鄭地)장군을 모신 경열사(景烈祠)를 시작하여 지난 달에 경기도 남양주의 박정후(朴靖厚)공을 모신 도산재(陶山齋)를 탐방하여, 모두 열두 분의 여말 절의 충신들의 유적을 찾아다니며 공부했다. 이런 분들의 면면을 살펴볼 때 오늘을 사는 사람들의 가치 기준으로 비교해 본다면 이해하기 어려운 부분이 있을 것이다.

경제가 발전하여 사람들이 풍요롭고 여유 있게 살게하는 것도 중요한 일이다. 하지만 과연 그것이 우리 삶의 전부이겠는가! 우리는 오늘날 가히 제 삼의 혁명으로 불릴 만한 인터넷의 보급과 발전된 전자 매체들이 우리들의 인식 세계를 새롭게 바꾸어 놓고 있으며, 호사가들은 세계화니 국제화니 떠들면서 하나된 지구촌을 외쳐대고 있지만, 그런 와중(渦中)에도 그 속을 가만히 들여다보면 국가간의 무역 전쟁과 군비 경쟁은 더욱 심해지고, 지정학적으로 대륙 세력과 해양 세력 사이에 끼어있는 우리에게, 중국은 우리의 고구려와 발해 역사를 자기네 나라 변방 세력으로 편입시키려 하며, 일본은 때도 없이 독도의 영유권을 주장하며 나서고 있다. 나라를 지키는 일이야 너와 내가 없으며 물론 총, 칼을 들고 국경을 지키는 일도 중요하지만, 우리 정신이 깃든 우리 문화를 지키는 일 또한 늦춰서는 안될 일이리라. 여기 우리가 찾아본 분들은 그들이 생각만 바꿨다면 일신(一身)의 영예(榮譽)와 안락(安樂)을 충분히 얻었을 것이다. 그러나 그들은 일신의 안락함과 편안함을 뿌리치고 의(義)를 위하여 바르고 곧게 사시다 어렵게 마치신 분들이다. 무엇 때문에 그들은 그런 삶을 택했겠는가! 우리는 해방 이후로 지금까지 남북 분단과 6.25전쟁, 4.19와 5.16 등 정치적 혼란기를 겪었지만 이후 경제 건설에 힘쓴 나머지 어느 정도의 경제적 성취는 이루어냈지만 과연 거기에 걸맞는 역사 의식과 문화의식을 갖추고 살고 있는지는 돌이켜볼 일이다.

여기 우리 한가락은 창립 이래로 매달 한 번씩 우리 선조들 중 올곧고 바르게 사시다 간 분들의 자취를 찾아다니며 공부하고, 공부한 내용을 시조로 짓고 부르고 기행문을 덧붙여서 일년에 한 권씩 이제 열여섯 해, 백아흔 두 곳을 찾았으며 열여섯 번째 시조집을 출판하기에 이르렀다. 이에 우리 스스로를 자위하며 다시 한번 과거를 돌아보고, 우리 한가락 정신에 부합했는지 되돌아보며 미래를 향해 우리 자신을 새롭게 하고자 한다.

지금까지 여러 가지로 어려운 환경 속에서도 높은 연세를 잊고 열성으로 우리 회원들을 이끌어 주신 중관 선생님, 우리의 역사 탐방을 도와주신 문중 여러분, 매 호마다 표지 그림을 그려주신 이호신 화백님, 매 달 열성적으로 참여해주신 회원 여러분, 출판을 맡아주신 다운샘 사장님께 감사 드린다.

단기 4339년 4월 29일

한가락 모임 회장 우인 경 우 수

● 중관(中觀) 최권흥(崔權興) 선생님
121-736
서울 마포구 마포동 136-1
한신건물 202호 (702-2553)

▲ 한가락 열다섯 돌 잔치 (4338. 4. 29)

● 우인(又仁) 경우수(慶佑秀)
1948년 서울 생
자영업(3426-1102)

● 벽고(碧皐) 장대열(張大烈)
1947년 전북 김제 생
성사중학교 교사(031-978-7750)
017-247-7743

● 고룡(古龍) 맹치덕(孟致德)
1958년 전북 남원 생
창북중학교 교사(908-7822)

● 욕천(浴川) 최장호(崔章鎬)
1963년 전남 곡성 생
건강보험심사평가원(356-1290)

● 노산당(魯山堂) 전향아(全香阿)
강원도 평창 생
한가락 총무(702-2550)

● 갑고(甲皐) 홍영표(洪永杓)
1930년 경기 강화 생
경제학 박사(418-3416)

● 서봉(瑞峯) 조철식(趙徹植)
1930년 충남 서산 생
(2042-2818)

● 안일당(安一堂) 이원희(李元熙)
1949년 경기 안양 생
동천서숙 총무(714-4380)

● 설전(雪荃) 임준신(任準臣)
1939년 서울 생
설전화실원장(722-6290, 011-722-1888)

● 세화(世華) 정무진(丁武鎭)
1928년 경북 상주 생
(387-9212)

● 석초(石艸) 홍오선(洪五善)
1939년 경북 예천 생
(011-9010-0389)

● 매현(梅峴) 김낙원(金洛元)
1933년 경북 상주 생
서예학원 壽石 會長(515-2646)

● 예주(濊州) 김영기(金榮基)
1938년 강원 강릉 생
(719-0108, 011-386-7407)

● 가산(佳山) 임봉훈(任奉壎)
1931년 경북 상주 생
대한전기공업사 대표(011-854-6322)

● 서원(西原) 김용대(金容大)
1934년 충북 청주 생
서울 진양주식회사 대표이사
(010-5497-1329)

벼　　리

열여섯 번째 시조모음

1. 경렬사(景烈祠)에서

부릅뜬 눈만 보면
짜개발 꼬리 감춰

밖 걱정 덜었으나
울안이 시끄럽네

이저리 귀양살이로
마흔 다섯 어쩌나

최 중 관

▲ 경렬사(景烈祠)

▲ 경렬사 앞에서

▲ 경렬공 사적비

경렬공 묘 ▶

경렬사(景烈祠)에서

온 여든한 번째 한가락 모임
때 : 4338(2005)년 4월 3일, 일요일, 흐리고 맑음
곳 : 경렬사(景烈祠)- 광주광역시 북구 청옥동 산176번지

봄비가 오려나 아침 일찍 일어나 창을 열어보니 보슬비가 사알짝 내리고 있다.

기다리던 봄비가 오려고 하니 반가운 마음이 앞선다. 그러나 긴 시간 버스로 움직여야할 일정이다보니 조심을 기하라는 징후로 알고 우산을 챙기며 서둘러 탐방준비를 마쳤다.

늘 우리가 이용하는 한양대학교 버스가 새로 구입을 하여서 더욱 넓고 깨끗한데, 한식이 겹친 주일이라 개인사정이 늘어나 우리회원들은 겨우 15명이 출발하니 큰 버스가 텅비어 있는 느낌이다. 오늘 참석한 회원은 중관선생님을 비롯한 갑고, 서봉, 세화, 석초, 우인, 고룡, 설전, 욕천, 기봉 형제분이 나오셨고, 그리고 가산, 손창봉, 문화타임즈 그리고 필자까지 15명이 매화향기에 이끌려 남으로 남으로 달리고 있었다. 기흥휴게소에서 간단한 아침을 먹고, 바로 차에 올라 고룡의 화동인물총기를 들었다. 어스름이 걷히면서 차츰차츰 차창 밖이 밝아지고 있는 것이 날씨가 개이고 있나보다. 고룡 다음으로 이어지는 필자의 기녀한시 발표는 자료준비가 되어있질 않아서 생략하기로 하고 현 시국에 관한 이야기로 시간을 보냈다. 10시 45분에 경렬사에 도착

되었다. 작은 공원처럼 만들어서 주차장도 있고 언덕에 깨끗하게 지어진 경렬사가 있었는데 아직 이른 시간인가 찾는 참배객들이 아무도 없다. 커다란 비석은 우리가 잘 알고 있는 일중서예가의 글씨로 크게 경렬공정지장군사적비(景烈公鄭地將軍事蹟碑)라고 써놓아 큰 어른을 모시는 곳으로 산소가 있음을 모두가 알기 쉽게 표시해 주고 있다. 비문의 내용은 이은상씨가 짓고 글씨는 일중 김충현씨가 썼으며, 도움은 우리나라 기업의 기둥이랄 수 있는 현대그룹 총수였던 고(故) 정주영씨가 화동정씨의 후손으로서 힘을 보태었다고 한다. 우리는 관리실로 들어갔으나 문중 분들은 아직 도착되지 않았고 바로 경렬사가 있어 우리 회원들은 먼저 사당에 참배를 올리고 선생님의 설명을 들으며 산소로 옮기려고 하는데, 신사 두 분이 올라 오신다. 짐작으로 문중분임을 알 수 있었다. 서로 인사를 나누면서 산소로 향하니 산소가 아주 특이한 형태로 보존되어 있었다.

얕은 산 언덕에 돌로다가 사각으로 크게 쌓았고 밋밋하게 봉분은 만들지 않았으니, 고려제도를 그대로 지키면서 보존되어 있어 아주 좋은 공부자료가 되므로, 선생님께서 잘 보아두라시며 설명을 하여주신다. 방분을 그대로 지켜가는 문중 분들께 칭찬도 아끼지 않으시는 선생님께서는 매우 흡족해 하신다. 날씨마저 완전하게 개여서 맑고도 맑은 아주 좋은 봄 날씨이다. 사방엔 매화꽃이 만발하여 향기가 짙어 나무 한 그루 심고 갔으면 하는 욕심이 생긴다. 홍매화와 백매화가 어우러져 시골 들판을 인심도 좋고, 선남선녀들이 많이 사는 마을로 보이게 해준다. 바로 밑에 있는 이름도 좋은 무궁화 식당으로 가서 공부를 하였다.

공은 화동정씨로 나면서부터 다른 모습을 보여주었다. 준걸한 인물로 자라면서 돈독한 뜻으로 책 읽기를 즐겨하며 효성스러웠다. 20세에 과거 급제하여 나라의 일을 보았는데, 나라의 인물이란 하루 아침에 만들어지는 것이 아니라 스스로의 피나는 고통과 노력이 필요하다. 나이 어린 28세에 벌써 해군의 역사가 되는 바다의 싸움에서 지켜야할 이론과 실기가 꽉 찼으며 세우는 전략마다 승전을 거두었고, 왜놈의 침략을 미리 막는 계략도 세웠으니 앞일을 볼줄 아는 혜안을 가진 선구자였다. 가는 곳마다 백성들의 칭송하는 소리가 높았다.

그 때 당시 장군께서 입고 싸우시던 환삼(環衫)이라는 갑옷이 있었는데, 오늘날 방탄 옷과 같은 것이다. 지금도 보존되어 있어 보았더니, 가로세로 5센티 정도에 놋쇠에다 고리로 연결하여 팔은 자유롭게 움직일 수 있게 만든 것이 그 무게가 엄청 무거워 보이는데, 그 옷을 입고 움직이는 장군의 모습을 상상으로 그려보니 거인 같은 모습이 나온다.

이렇듯이 큰 장군도 모함과 시기질투는 피하지 못하는 법인가, 사람이 사람을 죽이고 질투와 욕심이 사람을 죽이며, 이전투구하는 전시에 나셨으니 나라의 불운을 탓할 밖에, 고려의 운이 다하자 울분을 참지 못하는 충신들의 계획으로 우왕을 복위하려고 하는 김저(金佇) 등에 연류되어 유배되었고 그 과정에서 고문의 휴유증이 심했다. 풀려났으나 끝내 여독을 이기지 못해 45세의 젊은 나이로 세상을 떠나고 말았으니, 오! 통제라!!! 하늘이시여 무심하도다. 앞으로 더욱더 어지러운 나라의 중심이 되실 필요한 인물을 이렇듯이 일찍 데려가시다니…. 공이 오늘날까지 살아계신다면 독도가 우리 땅이라고 우기며 싸울 필요도 없었을텐데…. 일본사람들은 공의 이름만 들어도 벌벌 떨며 무서워 했을테니까…….

공부를 마치고 점심시간이다. 문중에서 참석하신 18세손 봉언(奉彦)씨 영철씨 20세손 문기(文基)씨 안기(安基)씨께서 문중에서 마련한 음식이니 맛있게 드시라며 권하신다. 오늘 참석하신 화동정씨 후손께서는 헌출한 키에 오신 분들이 모두 미남이시다. 큰 장군의 후손이니 모두 장군을 닮았나보다. 우리는 남도음식의 푸짐한 메기메운탕으로 맛있게 먹으며 역시 남도의 칼칼한 음식 맛에 모두 반하였는지 칭찬이 자자하다.

오늘 일정이 일찍 끝났으니 서울로 떠날 밖에. 1시 40분에 출발하였으니 길이 막히지 않아 수월하다. 사당동에 도착하니 여섯시가 못 되었다. 아직 밝아서 기분좋게 하루를 마무리하고 헤어졌다.

노산당 전 향 아 씀

밤낮을 나라 걱정
힘쓴이 바탕 세워

마쪽의 거센 물결
호통쳐 잠재우고

시커먼 뒤바뀜 속에
굳게 지킨 푸른 길

고롱 맹치덕

한마음 다 담아서
싸움엔 으뜸이라

골 밖은 고요한데
안담이 흔들흔들

아깝다 그 젊은 나이
얼어붙은 꽃송이

욕천 최장호

아까운 마흔 다섯
네모난 눕자리라

쪽바리 부들부들
듣는 이 시원하다

고리 옷 불화살 막아
지켜냈던 우리 땅

노산당 전향아

굳건한 이 땅이여
불끈쥔 칼이로다

물 건너 도둑떼들
마침내 자취 감춰

그러나 마흔 다섯은
아까워라 짧은 삶

갑고 홍영표

앳되고 헌걸찬 이
고리옷 처음본다

도둑배 온 스물을
물속에 묻었으니

그 이름 두 글자 새겨
걸었으면 독섬에

서봉 조철식

솔밭 속 네모무덤
오늘에 빛이 되어

찾아든 나그네가
배운다 그의 뜻을

올 곧은 나라 사랑이
뿌리되어 꽃피네

설전 임준신

바다 밖 다스리어
나라 안 지켰으나

켜 속이 검은 이에
끝내는 몰렸구나

앞서간 가시밭길은
큰 길 밝힌 빛이네

우인 경우수

꿈쟁이 더넘스러
훗날에 목대 잡다

애꿎은 옥살이에
왼소리 하염없네

갑옷만 소롯이 남아
지난 날을 눅자쳐

세화 정무진

요새도 근심거리
바깥 힘 울안 노려

바닷가 덤빈 무리
그 옛적 무찔렀지

그 어른 나라 지킨 얼
거울삼자 다지네

석초 홍오선

건너온 도둑쫓아
나라 힘 바로잡고

알심에 그어간 일
사랑 힘 높이 보여

내리신 높은 자리를
아쉼없이 흩뿌려

가산 임봉훈

2. 평장사공묘(平章事公墓)에서

올곧음 보여주며
다스려 바로잡고

시끄런 샛바닷가
늘그막 맡았으니

검으로 남아서라도
지켜가리 끝까지

최 중 관

▲ 평장사공 묘(平章事公墓)

▲ 평장사공묘 앞에서

▲ 평장사공 신도비

평장사공 공부를 하며 ▶

평장사공(平章事公) 묘에서

온 여든두 번째 한가락 모임
때 : 4338(2005)년 5월 1일, 일요일, 맑음
곳 : 강원도 인제군 기린면 현리

오늘은 오월의 첫날, 우리나라 산의 세상, 나무의 고장 강원도 인제(麟蹄)를 간다. 동은 양양, 남은 홍천, 서는 양구, 북은 간성과 접하여 있고 서울에서 3백 70리라고 고기(古記)에 적혀있다. 고구려 때 저족(猪足), 신라 때 희제(狶蹄), 고려에 와서 지금의 이름이 되었다니 돼지나 기린이나 모두 짐승의 발을 이름으로 하였으니 거기에 무슨 연유가 있을 것 같다. 산이 많고 깊어 수레가 끊어지고(衆山深邃絕輪蹄-河演) 땅이 시원하여 늘 눈이 있다(地爽常留雪-成俔), 또 사는 사람이 여덟아홉 집 있다(居民八九家-禹承範)고 읊은 것을 보면 두메라서 사람이 못 사는 곳, 짐승만 사는 곳이란 뜻을 담은 것인가 싶다. 어떻든 자주 못 가는 곳이라 호기심이 인다. 거기 기린면 현리 박굉(浤) 평장사공의 묘를 찾아서. 요새는 길이 좋아서 두 시간이면 넉넉하게 간다고들 말해서 느직이 아홉시에 가기로 사당동에 모였다. 독특하게 좌임한 흰 두루마기차림으로 맨 먼저 와 앉아 계시는 중관선생님과 모두 열여섯 분이 아홉시 좀 지나서 사당동을 나섰다. 이제 제법 시간도 잘 지킨다는 생각을 했다. 식구도 단출하니 오늘은 글공부 말고 길공부를 하기로 한다.

휴일이지만 길도 막힘이 없다. 동작대교 건너 강변길을 동으로 달리면서 눈은 늘 한강이다. 곱고 넓게 다듬어진 둔치 공원에는 사람들이 많다. 벌써 경기가 벌어진 야구장도 여럿 있다. 어느새 운길산 밑을 지나면서 새로 나는 길, 교각이 높아 언제 저 위를 지나보나 했던 그 길이 벌써 완공되어 길 위에서 수향 양수리의 물을 구경한다. 이 경치가 좋은 운길산 절 이름이 생각 안 난다고 설전선생이 고심이다. 수종사. 거기서 보는 한강이 일품이다. 그런데 길이 좋아질수록 따라서 늘어나는 미운 것이 있다. 강가 전망 좋은 곳이면 지붕에 뾰족탑을 몇 개나 얹은 모텔이라는 것들. 어떤 외국사람이 당신네 나라에는 이슬람교가 성황한다고 하여 민망스러웠다고 어떤 사람이 말했다.

오월은 잘 닦아진 푸른빛 귀걸이라고 누가 말했다는데 계절의 여왕이요, 신록의 계절이라고 한 이런 말들은 모두 오월의 아름다움을 추워서 한 말이다. 막 잎이 벌어지면서 펼쳐지는 연초록의 고운 빛은 그것이 바로 꽃이다. 어떻게 붉은 빛, 누른빛만 꽃인가. 저 갓난아기가 웃는 것처럼 티 없이 곱고 착한 얼굴, 지금 자연이 막 그런 모습이다. 왼쪽은 절벽, 오른 쪽은 푸른 강물이고 그 건너가 신록이다. 이걸 두고 누가 외국만 못하다고 하는가. 틈틈이 늦게 피는 각색 꽃이 가세하니 그야말로 금수강산이다.

연도의 논밭에 비닐하우스가 늘어나는 것은 쌀농사의 퇴조로 오는 현상이라 하고 그 틈에도 못자리를 해서 하얗게 덮어놓은 것이 보기에 좋다. 길에 나서면 그곳을 알리는 지명이 붙은 간판은 없고, 뜻 모를 외국말로 쓴 것만 보여 답답한 눈에 홍천이란 이름이 들어오고부터 길은 굽고 산은 높아져서 논이 적고 산언덕을 일궈서 검정 비닐로 덮어놓은 것은 그것이 고랭지 채소밭임을 알겠다. 지금은 감자 심는 때라던가. 그 넓은 밭을 아주 곱게 가꾸어 놓았어도 그렇게 일하는 사람은 안 보인다. 그만큼 기계가 잘 보급되었다는 것이니 시대의 변화가 눈부시다.

상남 삼거리서 현리 12km, 양구 72km라는 표지판을 보고 조금 가니 산길이 구절양장이다. 지금도 이런 길이 있느냐고 볼멘소리가 나오는 것은 두어 시간 쭈그리고 앉아있기가 지루하여 하는 말이다. 때 맞춰 전쟁 때 양구 인제서 종군한 적이 있다는 세화선생이 옛날이야기를 한다. -그 때 내가 골초로 파이프를 들고 다녔는데 하루는 한 병사가 와서 파이프 좀 달라고 하잖겠어, 왜 그러느냐고 따라갔더니 어디서 살무사 한 마리를 잡아다 놓고 파이프의 담뱃진을 묻혀서 뱀 입에 물려. 그러니까 그 뱀이 쭉 뻗어 죽어 가는 거야. 별 일이 다 있다 하고 오려고 하니 그 병사 이것마저 보고 가라는 거야. 이번에는 복숭아 잎을 따 와서 뱀의 입을 벌리고 물려주니 어느새 그 뱀 다시 살아나서 스르르 기어 달아나는 것 아냐. 그 병사 말이 담배 피우는 사람 복숭아 많이 먹어야 해요- 어느 사이 고개를 다 넘었다. 뒤에 물으니 고개 이름이 아홉 사리라고 했다. 사리란 새끼를 꼬아서 사려놓은 것인데 그것이 아홉이라니 그 길 굽은 것을 알만하다.

고개를 넘으니 평지가 내린천이다. 한동안 둑을 쌓겠다고 하여 말이 많던 그 강이다. 강바닥의 바위가 생긴 것이 볼만하다. 둑을 쌓았더라면 물 속에 묻힐 뻔한 양 언덕에 벌어진 것이 산중도시 현리 기린 면사무소가 있는 곳이다. 우리에게는 군인의 주둔지로 알려져 있지만 보이는 군인은 없다. 부대가 여염집하고 이웃하여 있어도 담으로 가려져서 눈에 잘 띄지 않는다.

기린 면사무소 뜰에 차를 맡기고 평장사공의 유적을 찾는다. 맨 먼저 보이는 것이 당연히 신도비이다. 면사무소를 짓느라고 옮겨졌다고 하는데 산소 입구 언덕에 이수 귀부를 갖춘 오석에 고려대광문하평장사춘천박공원굉선생신도비(高麗大匡門下平章事春川朴公元浤先生神道碑)라고 새기고 한문에 국문을 섞어 쓴 비문은 강원대 총장 이춘근이 찬했다. 태봉산 기슭인 언덕을 백 수십 계단 오른 곳에 공의 산소가 서남향하고 있다. 원래 삼군단 사령부가 자리한 곳 명당자리에 있었는데 부대에 내어주고 이리 옮겨 왔다고 둘레를 돌로 두른 것하고 상석과 석물들이 위의를 갖추고 있으니 여기도 명당이다. 아래 사당은 요즘 보기 드문 토담에 에워싸여지고 안에 위패가 아니고 밤색 돌비에 박대감 신위라고 새겨있다. 공이 만호로서 동해안의 도둑을 막고 안으로 이 지방의 안녕을 위하여 헌신한 공으로 지방 사람들의 예경하는바 되었고 죽어서 수호신으로 우러름을 받아서 7백년 세월을 넘어 여기에 있는 것이다. 지금 다시 동해가 시끄럽다. 저 독도의 안녕을 위하여 공의 영력이 있기를 빌어본다.

종회장의 안내를 받아 이 고장명물 막국수로 점심을 먹고 재실로 가서 공의 사적을 공부하였다. 꽤 넓은 방의 상석 벽에 감실을 짓고 공의 위패를 모셔 두고 자손들이 정성으로 받들고 있다고 하였다.

공은 신라시조 박혁거세 후손으로 춘천박씨 시조 문의공(文懿公)의 장남이다. 고려 원종때 문과에 들어 중서문하성에 뽑혔으며 충렬왕 5년 평장사 2품에 올라 원나라 서울에 갔다가 돌아와서 간신 오기(吳祁)가 하는 일이 옳지 않음을 상주하고 충효보국하는 충심으로 사직을 하였다가 다시 기린지방의 만호가 되어 동해안의 왜구를 격퇴하여 노년의 충성을 다하고 충선왕 2년(서기1310) 경술에 65살로 졸하였다. 문무를 겸전하여 나라가 위태할 때 목숨을 바치고 명리보다 정의를 더 생각하라는 가르침대로 살아 죽어서 지방의 수호신으로 향인의 존경을 받아서 묘아래 길을 하마로(下馬路)라고 이름 짓고 사람들은 거기서 말을 내려 걸어가게 하였다는 이름이다. 나주 정씨와 결혼하였고 자손 3대가 급제하였으니 호족이다. 우리는 공에게서 견위수명견리사의(見危授命見利思義)하는 논어의 대의를 다시 깨닫는다.

종중에서 산소의 보전을 위하여 애쓴 공로담이 많은데 여기 다 못쓴다. 산마을이므로 큰 나무를 찾았더니 둘레가 두어 아름에 키가 27미터라고, 보기 드물게 큰 잣나무의 짙푸른 빛이 우뚝하다. 보호수로 호환이 많아서 심은 나무라고, 21세기 나무에 설명은 19세기이다. 산중 명물 두릅 한 보따리씩 안고 3시 반 떠나서 2시간 잘 왔는데 서울

문턱 국수리 가까이 오니 차가 늘어 길을 막았다. 정체에 사정이 없다. 가다 서다 사람을 감질나게 한다. 갑갑하여 텔레비전을 켜니 고등학생들 관심사인 골든벨이 한참이다. 한 학생이 잘 가다가 세 문제를 남기고 막혔다. 아깝지만 잘 했다. 종을 치고 교만해지는 것보다. 더 값진 것을 배울 것이라고 믿는다.

팔당에서 강을 건너 길 막힘을 벗어나고 꼭 8시에 사당에 왔다. 나가서 보면 그 좋은 논과 밭을 사정없이 가르고 사통팔달로 낸 길, 그렇게 길이 많은데 막히는 것은 여전하다. 땅이 그리운 때 어떻게 할까. 남들은 그렇게 않는다는데. 오늘 가는데 3시간 오는데 4시간 반 걸렸다. 모두 수고 하셨고 점심이랑 친절히 안내해 주신 종회장 박종구씨와 두 분에게 고맙게 생각하고 평장사공 후손의 무궁한 창성을 빈다. 오늘 회원은 중관선생님과 노산당, 고룡, 욕천, 갑고, 우인, 설전, 세화, 석초, 매현, 가산, 기봉, 손원장, 강국장, 권기사, 서봉, 열여섯분, 보람있는 여행 되었기를 바라고 좋은 날씨와 먼길 무사한 운행을 자축한다.

서봉 조 철 식 씀

맑고도 그 깔끔함
높다란 산허리에

멀리서 부는 바람
가깝고 따스하네

살며시 옷깃을 흔든
분꽃 내음 그대로

욕천 최장호

내리 내 줄기 따라
이어온 즈믄 얘기

샛바다 시끄런 놈
찌르던 시원한 맛

오늘도 되살아나서
지켜내리 외론 섬

노산당 전향아

젊어선 벼슬 살이
올곧게 보여 주고

늦게는 샛바닷가
노략질 막더니만

겸이 된 누리에서는
지켜 내리 내고장

갑고 홍영표

높은데 새순 먹어
기린이 으뜸이라

뫼 속에 바다 속은
깊어서 한 가지 말

깊은 곳 다스렸기에
나그네들 말 내려

서봉 조철식

오름길 고개 숙인
풀싹을 보셨는가

가르침 뒤따르라
올곧게 이르신 뒤

말 내려 걷는 이들에
검이 되어 지키리

설전 임준신

그른 일 바로잡아
나랏 일 옳게 하고

늙어선 샛 바다를
도맡아 지켜 내며

목숨이 다한 뒤에도
골 지키는 검됐네

우인 경우수

감돌이 들춰내서
의로움 바로 세워

내로라 선비들도
더없이 붙따르고

손바람 아퀴짖으니
본 받을 만 하여라

세화 정무진

곧은 얼 외곬으로
나랏일 바로잡고

새쪽녘 섬 도둑떼
부릅떠 무찌른 이

그 고을 검으로 남아
뭇사람의 절받네

석초 홍오선

마음을 다하여서
다스린 고을이라

온 누리 가슴 속에
뿌리가 박혔어라

가신지 오래였건만
지켜주듯 계시네

매현 김낙원

나귀 길 벼리되어
푸르름 얽었도다

곧은 이 참 얼따라
내림 골 아늑하다

높자리 어진이에게
우러르는 이은 이

가산 임봉훈

3. 경지재(敬止齋)에서

마립간 뒤를 이어
즈믄 해 몇이라도

서라벌 꽃사내들
그 아니 선비더냐

붓으로 칼을 가름해
텃밭갈이 힘쓰리

최 중 관

▲ 경지재(敬止齋)

▲ 경지재 앞에서

▲ 비각

지포공 공부를 하며 ▶

경지재(敬止齋)에서

온 여든세 번째 한가락 모임
때 : 4338(2005)년 6월 12일, 일요일, 맑음
곳 : 경지재(敬止齋) - 전라북도 부안군 변산면 운산리

한가락 역사 탐방 길을 오르는 날은 매번 특이한 날이라고 볼 수 있다. 평상시 하루의 시작시간보다 한두 시간 전에 일어나야 한다. 그 날이 오면 생활의 리듬도 역시 평소와 다르다. 조금 더 일찍 일어나서 보면 측갱상좌대조래(厠坑上坐待朝來)와 같은 느낌이 새삼스럽게 떠오른다. 어떤 상황에서나 샐녘을 기다리는 마음은 누구에게나 같을 것으로 보이나, 더러는 서두르고 염려하는 통에 그 전날 평소보다 일찍 잠들기 일쑤이며 그래야 어느 정도 여유를 두고 일어선다. 매번 7시 다 되어서 참여하곤 한다. 오늘도 역시 중관 선생님을 비롯하여 많은 회원들이 미리 와서 담소하는 중에서 웃음꽃이 연이어 피어나고 있다. 총무님의 인원확인을 다 마치고 목적지로 향한다. 노산당의 권유로 얼떨결에 기행문을 쓰기는 쓰는데 눈에 들어오는 것만 적을 것 같다. 그릇의 크기가 고만고만하여서 또는 얇은 그릇이라 무게가 있는 과거의 흔적을 담기엔 너무도 조심스러워서 그런지 모른다.

버스창 속으로 미끄럽게 스치며 지나가는 산등성이 사이엔 마치 흐린 날씨처럼 밤꽃이 뽀얗게 아른거리며 흘러가고 있다. 누런 녹물이 아래로 씻겨 내려오고 있는 유월의 산하는 세월의 한창을 가꾸고 있

어 아주 좋아 보인다.

7시 38분경에 문중어르신들이 역사탐방길에 합류하였고 잠시후 회장님이 지금 가고 있는 경지재(敬止齋)에 대해서 간략한 소개를 마친 후 문중어르신들의 소개를 받음과 동시에 오늘 배울 김문정공(金文貞公)에 대한 자랑스런 행적을 즐겁게 들려주고 있다. 부안김씨는 신라 경순왕의 첫째 아들인 마의 태자를 시조를 삼고 있으며, 금나라의 태조가 마의태자의 후손이라는 것과 그리고 문정공(文貞公)이 제주판관으로 있을 때에 제주도의 돌문화를 새롭게 세운 분이라고 한다. 오늘날까지도 제주도에서는 돌문화의 은인으로 생생한 흔적을 쉽게 찾을 수 있으며 화산암으로 곱게 쌓아서 만든 밭담을 잠깐동안 생각을 하면 꽃담이 아닌데도 다정한 정감 속으로 휩싸인 듯 하다.

화성휴게소에서 잠시나마 간단한 휴식을 하고서 목적지로 가는 중에도 한가락 한시강좌는 오늘도 거르는 법이 없이 시작되었다. 달구기생인 현계옥의 가곡을 이검안이 한시로 번역한 목란화병(木蘭火兵)에 대해서….

10시 3분 논산휴게소를 경유하여 새만금전시관을 둘러보고 그리고 물막음공사현장까지 버스로 갯벌 바다 냄새를 맡으며 둘러 보았다.

새만금은 부안과 군산을 잇는 거대한 방조제이다. 마치 두 개의 작은 반도를 이어서 만든 아주 길다란 길과 같고 거대한 바이칼호수처럼 푸르게 출렁거린다. 새만금이 완성되면 새롭게 생긴 경제적, 환경적인 가용 이득이 천문학이라고 생각이 든다. 경제성이 있는 갯벌이 사라진다고 환경단체는 아우성이지만 모든 선택은 반대급부가 있어 하나를 선택하면 또 하나를 잃어 가는 것을… 세월이 다 채워 줄 것이라고 보고 가는 세월이 조금씩 세상을 아름답게 꾸미고 있는 것이다. 방조제가 완성되고나서 사라진 갯벌은 수천년이 지나면 다시 새롭게 방조제 밖에 만들어 질 것으로 믿어진다. 큰 강은 동으로 흐른다는 말이 있듯 아주 긴 황하강이나 양쯔강도 동으로 흐른다. 곧 우리의 서해로 다 모여든다. 세월과 함께 곱디고운 흙이 서해로 차곡차곡 쌓여 갈

것이며 그 곳에서 새로운 문화가 싹이 트어 크게 자랄 것이다. 새만금에 새로운 갯벌이 생기고 나면, 바로 그 때가 되면 산동반도와 요동반도도 붙게 될 것이고 그러면 발해만이 사라지고 거대한 발해 호수가 되겠지… 잠시 뜬 생각으로 야릇하게 들뜹니다. 비록 첫 단추가 잘못 되었다고 해도 옷은 옷일 뿐이다.그리고 그 역할은 다할 것이다. 낯선 느낌을 주는 것을 단지 이상하게 보려는 시선이 문제라고 본다. 부안엔 쭉쭉 뻗은 소나무가 많다. 요즈음 조경수로 쓰여질 나무처럼 보이는 나무가 다 이 곳에 옮겨 놓은 듯 하다. 또 한쪽에서는 밀과 쌀보리를 수확하는 철인 것 같다.

11시 38분 경지재(敬止齋) 도착하니 마중 나온 현지 문중어르신들이 우리 일행을 기쁘게 맞이한다. 중관선생님께서 준비해온 자료를 통하여 공(公)에 대한 강의를 시작하신다.

경지재는 전라남도 부안군 변산면 운산리에 있는 김문정공(金文貞公)을 추모하는 곳이다. 공(公)의 휘는 구(坵)이며 초휘 백일(百鎰)이며 자는 차산(次山)이며 호는 지포(止浦)이며 부령인(扶寧人)이다. 신라성씨에서 나온 계통이며, 고조의 휘는 춘(春)이면서 부령부원군(扶寧府院君)이고 증조의 휘는 인순(仁順)이며, 조의 휘는 작신(作新)이면서 우복야(右僕射) 겸 이부상서(吏部尙書) 부령군이며 고(考)의 휘는 의(宜)이면서 합문지후 우복야(閤門祗候 右僕射)이며 비(妣)는 나주김씨다. 고려 희종 7년 신미년(辛未年)에 공이 태어났으며 어려서 용모(容貌)는 단중(端重)하고 기도(氣度)는 굉심(宏深)하여 4 · 5세 때에 경사(經史)를 통하였고 사람들 모두 신동이라고 불렀다. 12세 때 국학진사로 등용되었고 22세 때에는 2등으로 문과에 뽑혔고 김인경이 1등으로 급제시키지 못함에 안타깝게 생각했으며, 이규보가 말하기를 "나를 이어 문형(文衡)를 잡을 사람은 公이다."라고 하였다. 처음엔 정원부사록(定遠府司錄)에 보직되었고 제주판관으로 바뀌었다. 공이 제주도에 있을 당시에 제주의 밭은 경계가 없어서 호족들이 강제로 조금씩 잠식하여 백성들의 고통이 심하였다. 公이 돌을 모아 담을 쌓고 그 경계를 정하니 더불어 짐승의 피해도 막았으므로 모두 편리하다고 전해진다. 지금까지도 그 흔적들이 전송되어지고 있다. 경자년(庚子年)에는 한림원에 입배하던 중 서정관에 충당되어 몽고에 갔고 옥당(玉堂)을 거쳐 합문지후에 제수되었다가 국학직강(國學直講)으로 옮겼다. 한림원 지제고(知制誥)에 임명되었고 이부시랑으로 추천되었고 우간의 대부 겸 중대부국자제주 한림시강사 지제고에 임명되었으나 표(表)를 올려 사양하였으나 왕이 말하기를 '동방의 뛰어난 정기로 태어났고, 서경(西京)의 문장 솜씨를 능가하다.' 고 하고 '몽주의 조서에 올린 글의 뜻이 간절하고도 간곡(懇曲)하였다는 말까지 했으니 그대가 올린 표의 그 사연과 문장이 곡진하여 몽주를 감동시키지 않았더라면 어찌 이러한 칭찬을 하였겠느냐.' 하였다.

57세 때엔 감시시원에 임명되었고 수찬관(修撰官)을 겸하여서 신종, 희종, 강종의 삼조실록을 편찬하였으며 대사성(大司成)을 거쳐 좌우복야(左右僕射)에 임명, 추밀원 부사 정당문학(政堂文學)에 임명, 이부상서(吏部尙書)에 임명되었다. 65세 겨울엔 첨의부찬성사의 직함이 바뀐다. 보문각대학사를 겸하고 곧 참문학사판도사사에 승진, 통문관(通文館)을 설치하여 통역관들의 간사한 폐단을 막을 것을 건의하고 정축년(丁丑年)엔 세자이사(世子貳師)에 임명, 고종실록을 편찬하였다. 68세 다시 참문학사(叅文學事)에 임명되다. 정미(丁未)년 9월에 별세, 왕이 말하기를 '모(某)는 일찍 평장사를 지냈으니 조례와 뇌문에 마땅히 평장으로 쓸 것이며 관에서 장사를 비호하라.' 하고, 시호를 문정공(文貞公)이라 하다. 공의 성품이 신실하여 꾸밈이 없고 말이 적었으나 국사를 논함에 있어서는 간절하고도 정직하여 기피하려는 바 없었으며 워낙 문장에 능함으로 늘 사명을 맡게 되다. 상국의 징계와 힐책이 자못 없는 해가 없었으나 공은 오랫동안 표를 맡아 짓되 그 일에 따라 문장을 조절하여 다 이치에 맞게 함으로 윤허를 많이 받았고 원나라 한림학사 왕악(王鶚)이 표사(表詞)를 볼 때 마다 반드시 칭찬을 아끼지 않으면서 그를 한번 대면하지 못함을 한스럽게 여겼다. 공이 처음엔 부안현 동쪽 선학동에 자리를 잡아 계시다가 또 부안현 서쪽 변산 바다 근처에 집을 지어 그 곳을 지시포(知止浦)라 이름하고는 두 곳을 소요하면서 거문고와 서책으로 노년을 보내며 후학들을 교육하되 엄히 과정을 세우니 한때 인재들이 꽉 들어 찼다.

중관 선생님의 한시와 시조를 다 함께 부르고 나니 문중에서 보충설명을 해주시고 公에 대한 오늘의 공부를 다 마친다. 1시 30분경에 금강산횟집에서 문중에서 준비한 과분한 점심 대접을 받는다. 그리고 변산뒷쪽에 있는 문중 어르신 집에 잠시동안 들리기로 하였다. 다과로 오디와 뽕술이 준비되어 나온다. 흔하지 않은 융숭한 다과를 받으니 그저 놀라울 뿐이다. 주변환경을 설명하면 집옆엔 개울도 있고 집에서 멀리 산꼭대기를 보면 한줄기 하얀 물이 떨어지는 폭포를 볼 수 있으며 그리고 조금 나가면 바다가 가깝고 너무도 아름답거니와 한적한 전원생활을 하는 선비의 운치가 새록새록 돋아나는 듯 하다. 꿈에 그린 여유가 있는 선계(仙界)를 뒤로 하고 아쉽게 서울로 향했다. 4시경에 취성대를 잠시 보았고 6시 30분에 행담도휴게소에 도착 석양의 햇살이 잘 보이는 쉼터에서 손수 집에서 준비해온 영계백숙을 저녁겸으로 대접받는다. 우리 일행을 끝까지 책임지는 준비성에 놀라움과 고마움이 오랫동안 기억에 남을 것으로 생각되어지며 오늘 하루도 이른 새벽녘을 기다리는 사람들은 흐뭇한 발걸음으로 돌아가 또 다른 내일의 아침햇살을 맞이할 것이다.

욕천 최 장 호 씀

끝없이 우러러봄
그 다함 곱삶는다

햇살든 물방울엔
그 갇힘 튀어나와

꿈꾸는 많은 사람들
바로잡은 고갱이

욕천 최장호

돌담을 만들어서
제 몫을 지켜주니

말이나 움직임도
붓끝의 회초리라

나라 밖 시끄러움도
글을 지어 재운다

노산당 전향아

열두 살 검다운 애
선비 돼 빛내더니

저 멀리 서라벌의
마립간 겨레로세

오늘은 구름뫼마을
높디 높게 뫼신다

갑고 홍영표

바닷가 푸른 솔은
누구의 다짐인가

즈믄 해 그 자리에
꿋꿋이 서 있어서

아흔 넷 고모 받드는
조카 마음 그 안에

서봉 조철식

생각과 느낌 크고
깨친 글 네다섯 살

큰 선비 이을 사람
반듯이 너 이니라

마립간 이어 즈믄해
붓끝으로 가름을

설전 임준신

돌담을 곧게 쌓아
섬사람 시름 덜고

글 솜씨 뛰어나니
나라밖 떨치우고

가르침 무섭게 함은
밝는 빛을 봄이네

우인 경우수

슬겁고 드레지니
벗바리 좋을씨구

타고난 글 재주는
백운과 맞갋아라

밭담돌 삶의 길 따라
소금꽃을 피웠네

세화 정무진

마지막 임금 아들
참곧은 핏줄 이어

댓줄기 선비 얼로
일궈온 바닷마을

솔수풀 높푸른 언덕
새겨 남긴 큰 자취

석초 홍오선

※ 마지막 임금 아들 : 마의태자

삼베옷 뒤를 이은
엄지별 바다건너

돌담 일 새로워라
부령힘 넘쳐 흘러

붓자리 밭가리 남김
오늘에야 알고파

가산 임봉훈

4. 용안사(龍安祠)에서

아버지 하시던 일
짜개발 물리치니

시커먼 원숭이 해
삿대질 따르라네

철릭을 벗어던지고
멀리 깊이 숨었다

최 중 관

▲ 용안사龍安祠 (용안서원)

▲ 용안서원 앞에서

▲ 용안사 참배

여은공 공부를 하며 ▶

용안사(龍安祠)에서

온 여든네 번째 한가락 모임
때 : 4338(2005)년 7월 3일, 일요일, 흐리고 비
곳 : 용안사(龍安祠) - 경상남도 밀양시 무안면 내진리

이번 한가락 역사탐방은 밀양시 무안면 내진리 용안서원에 있는 용안사를 찾아간다. 이곳은 고려말 충신 여은공(麗隱公) 이사지(李思之) 선생의 위패를 모신 곳이다. 선생은 임신변혁(壬申變易)의 시기에 나이도 어리고 중랑장(정5품)이란 낮은 관직에 있었지만 호를 여은(麗隱), 살았던 마을을 여은동(麗隱洞)이라 하여 오직 고려만을 생각하며 꿋꿋하게 자신의 충절을 지키며 살겠다는 올곧은 의지를 보며 특별한 마음으로 역사탐방을 시작했다. 어제부터 내린 비 탓인지 중관선생님을 비롯해 14명의 회원만이 사당역을 출발하였다. 차안에서 평소처럼 내가 화동인물총기에 대한 강독을 하였고, 용인 · 칠곡휴게소를 들렀다가 밀양에 도착하였다. 밀양은 옛 변한 땅으로 가락국에 속했는데 지증왕 때 신라에 병합되어 추화군이 되었고, 경덕왕 때 밀성군으로 고쳤으며, 조선시대 밀양도호부, 고종 때 밀양군으로 정착되었으며 영남루와 표충사 등 유적으로 유명하다. 밀양시에서 차로 20여 분 거리에 있는 무안면 내진리에 도착했다. 마을 입구에는 큰 연못과 고풍스런 기와집들이 몇 채가 눈에 들어왔다. 여기서 마을 뒤쪽으로 5분여 걸어 올라가니 울창한 소나무숲 안에 용안서원이 자리하고 있었

다. 서원 마루에 올라서니 무더운 여름임에도 불구하고 시원한 바람과 매미소리, 앞이 탁 트여 옛 선비들이 공부하기에 너무도 좋았을 것이라. 용안서원은 문안공 이견간(文安公李堅幹)선생과 성산군 이식(星山君 李軾)선생을 봉향하기 위해 내진리 영화곡에 조선 순조 13년(1813년) 창건하였다가 영역이 좁고 집의 규모가 작아 교육적 기능을 수행하기 어려워 1818년 용안동으로 옮기고 용안사라 하였다. 그러나 고종 때 서원철령으로 훼철되었다가 1922년 문중의 결의로 여은공 이사지(麗隱公 李思之)와 대호군 이중림(大護軍 李仲林)을 함께 추봉하여 용안사 옛 터에 사우를 중건하고 재사를 중수하여 용안서원이라 하였다. 벽진 이씨 문중에서 이헌학, 이두식, 이기복, 이창휘씨 등이 반갑게 맞아 주시며 이 분들의 안내로 용안사에 참배하고 시원한 서원마루에서 중관선생님의 지도로 여은공에 대한 공부를 하였다. 공의 이름은 사지(思之)이며 호는 여은(麗隱)으로 벽진(碧珍) 이씨이다. 할아버지는 이름이 군상(君常)이고 벼슬은 사재부령(司宰副令)이며, 아버지는 희경(希慶)이며 남도 병마도원수로 왜장 아지발도(阿只拔都)의 군대를 쳐서 격파시킨 후 돌아오는 길에 잔적에게 죽음을 당했다. 공양왕 때 여은공도 중랑장으로 출전하여 왜구 소탕에 많은 공을 세웠다. 고려가 망하고 조선이 건국되자 불사이군(不事二君)의 절개로 관직을 버리고 72현과 더불어 송도 동남쪽 언덕에 관모를 걸어 두고 폐양립(蔽陽笠 : 일반 백성들이 쓰는 모자)을 쓰고 두문동에 들어갔다. 그 뒤에 자식에게 말하길 “나의 뜻은 이미 정해졌다. 너희는 만약 조선의 벼슬에 뜻이 있다면 너희 뜻대로 하라.”하고 다시 관악산에 숨어 들어가 뜻을 같이했던 강안정공(姜安靖公), 서여와공(徐麗窩公), 남사천공(南沙川公), 이망천공(李忘川公), 조송산공(趙松山公) 등과 시를 읊으며 교류하였다. 세 아들을 두었는데 장남 중림(仲林)은 대호군, 둘째 중행(仲行)은 생원, 셋째는 중권(仲權)이었다. 공의 묘소는 경상북도 성주군 초전면 봉정리 죽내산에 있으며 공의 위패는 장성 경현사와 밀양 용안서원에 배향되어 있다. 여은공에 대한 공부를 마치고 무안면 소재지로 와서 시원한 갈비탕으로 점심을 먹었다. 서울로 돌아오는 차안에서 여은공에 대한 시조를 어떻게 쓸 것인가 하는 고민을 하는 동안 어느새 서울에 도착하였다.

고룡 맹치덕 씀

오백 온 우뚝한 솔
깨뜨려 쓰러지니

가슴에 사무침을
벗들과 읊조리고

새 순이 돋아나는 날
그 곳에서 쉬리라

고룡 맹치덕

모두 다 따라간다
버리고 쫓아간다

누구를 닮았던가
그대를 빼 닮음에

긴 겨울 죽지도 않고
살아나는 묵은 잎

욕천 최장호

시끄럼 멀리한 곳
드높은 팔작지붕

빗소리 글소리는
즈믄 해 노랠이어

짜개발 물리치던 힘
신이 나서 읊는다

노산당 전향아

아버지 그 아들이
오랑케 물리치니

검은 빛 잔나비떼
삿대질 따르라니

목숨이 둘이라 해도
두 임자를 섬기랴

갑고 홍영표

네 할 일 너 하거라
아들 길 열어주고

패랭이 바꿔쓰고
일흔 둘 함께 가니

빗 속에 봉새뫼 아래
달려가서 배운다

서봉 조철식

짜개발 싸움터에
아비지 잃은 아들

뒤 이어 철릭입고
삿대질 따랐으나

갓 벗고 패랭이 쓰고
뜻을 세워 숨었다

설전 임준신

세운일 크고 크나
나라가 뒤바뀌니

두 임금 안섬기고
품은 뜻 굳게하고

이어갈 아들에게는
갈길 따로 일렀네

우인 경우수

바닷가 노려 대든
섬쪽발 물리치고

하늘에 또 하나 해
두고는 볼 수 없어

물러나 지킨 올곧음
그 무엇에 견줄꼬

석초 홍오선

나라 일 이어 이어
가슴에 새겨 있어

대나무 숲을 이뤄
한겨울 푸르구나

아무리 깊이 숨은들
외로움이 가시랴

매현 김낙원

옛 서울 바라보며
유무에 눈물짓네

어진이 섬기리라
한길로 아비 아들

인끈을 벗어 버리고
기다리라 새론 날

가산 임봉훈

5. 도은재(陶隱齋)에서

당나귀 뒷발질에
몇이나 채었더냐

한 스승 모시다가
가는 길 다르다고

끔찍한 일을 벌이니
어떠하랴 그 뒤끝

최 중 관

▲ 도은재陶隱齋 (문충사)

▲ 문충사 앞에서

▲ 도은선생 시

도은공 공부를 하며 ▶

도은재(陶隱齋)에서

온 여든다섯 번째 한가락 모임
때 : 4338(2005)년 8월 7일, 일요일, 맑음
곳 : 도은재(陶隱齋) - 경북 성주군 수륜면 신파리

아침 7시 전철 2호선 사당역에 모이기로 되어 있었다. 한가락모임을 이끌고 지도하시는 중관(中觀) 최권흥(崔權興) 선생님을 비롯하여 회원 20여 명이 나와서 전세 버스에 자리해 있었다. 좀 늦은 회원 몇 분을 기다려 7시 20분쯤 출발했다. 후텁지근한 열대야 아침 공기를 가르며 버스는 기흥 휴게소에 들렀다. 아침 식사를 하는 분에 차를 마시기도 하며 잠시 쉬었다가 8시쯤 다시 출발했다.

차내에서 고룡(古龍) 맹치덕(孟致德) 선생의 「화동인물기(話東人物記)」강의에 이어 노산당(魯山堂) 전향아(全香阿) 선생의 한시 감상 시간을 가졌다. 버스는 어느 새 천안, 조치원을 지나 대전을 거쳐 추풍령에 이르렀다. 운전석 위 전자 시계는 9시 50분이다. 경부 고속 도로를 얼마쯤 더 달리다가 김천 나들목을 빠져나간다. 김천 시내를 지나 성주 방면 국도로 접어들었다. 얼마쯤 지나다 보니 들이라곤 찾아볼 수 없는 산간 협곡을 굽이굽이 돌아나가는 도로를 버스는 조심스레 달린다. 계속되는 협곡을 40여분쯤 달리다가 보니까 제법 훤하게 트이는 평지가 나타난다. '성주'라는 표지판이 보인다. 지리산 북향의 산록(山麓)에 연접해 있는 지역이다. 야지(野地)는 논밭이라기보다

는 빈 자리 없이 덮혀 있는 비닐 하우스 들판이다. 참외를 재배하는 비닐 하우스 대단지이다. 연간 2천억원의 소득을 올리는 전국의 명성 그대로 '성주 참외' 대단지이다.

버스는 오현재(梧峴齋)를 향해 가고 있다. 잠시 후 '梧峴齋' 라는 표석이 보인다. 곧 이어 오현재 사당 전경(全景)이 눈에 들어온다. 삼문을 들어서니 '梧峴齋' 라고 쓴 현판이 정면에 나타난다. 성주(星州) 이씨(李氏) 중시조인 농서군공(隴西郡公) 이장경(李長庚)의 사당이다. 오른쪽에는 성주 이씨 시조 제단비(祭壇碑)가 서 있다. '성주이씨시조신라재상이순유제단비(星州李氏始祖新羅宰相李純由祭壇碑)' 라 새겨져 있는 단비는 1994년에 세워졌다. 제단비 바로 앞에는 유품전시관이 있다. 고려말 문열공(文烈公) 이조년(李兆年)의 친필 병풍 사본과 족보, 문집, 영정 등 많은 유품들이 전시 · 소장되어 있다.

오현재를 다 돌아보고 나서 버스에 올라 청휘당(晴暉堂)으로 갔다. 청휘당은 농서군공의 현손(玄孫)인 도은공(陶隱公) 이숭인(李崇仁)을 모신 사우(祠宇)인데, 성주군 수륜면 신파리에 있다. 선생의 영정을 모신 사당과 내삼문, 외삼문, 도은재(陶隱齋)가 있고, '문충공도은이선생신도비(文忠公陶隱李先生神道碑)' 라고 새겨 놓은 신도비가 서 있고, 「도은집(陶隱集)」의 목판과 목은(牧隱) 이색(李穡)의 시문 액자가 전해지고 있다.

다시 장소를 식당으로 옮겨서 역사 탐방 연수를 시작했다. 중관 최권홍 선생님의 '도은공(陶隱公)의 사적(史蹟)' 에 대한 강의를 들었다.

"도은공은 고려 충목왕(忠穆王) 13년에 성주에서 출생하여 공민왕(恭愍王) 11년에 문과(文科)에 급제하고 성균사성(成均司成), 우사의대부(右司儀大夫), 동지사사(同知司事), 예문관제학(藝文館提學) 등 많은 관직을 역임했다. 임신변역(壬申變易) 후 고려왕에 대한 충의지절(忠義志節)을 지키다가 영남으로 유배되었다. 목은(牧隱) 이색(李穡)의 문하에서 동문수학(同門修學)했던 정도전(鄭道傳)이 사인(私人)

황거정(黃居正)을 배소(配所)로 보내어 곤장 수백 대를 치고 말에 매달아 달리게 하여 몸이 찢어지는 고통으로 참사를 당했다. 조선조 1년(1392)에 향년 46세였다. 공(公)의 문하생(門下生)이었던 조선조 태종(太宗)이 이조판서(吏曹判書)에 증직(贈職)하고 '문충(文忠)'이라 시호(諡號)를 내렸다."

탐방 강의 후 시조창(時調唱)에 이어 한시창(漢詩唱)을 제창하고 나서 점심 식사를 하면서 문중인(門中人)들과 환담을 나누었다.

오후 3시가 넘어서 일행 모두 버스에 올라 귀경길에 들어섰다

석초 홍오선 씀

물버들 푸른 그늘
고샅길 갈마들다

툇마루 걸터 앉아
추임새 없은 가락

조올던 해오라비가
성큼 날아 솟는다

벽고 장대열

외로운 가시밭길
모질게 찢겨져도

가슴 속 고은 구슬
알알이 엮어내어

언제나 밝은 빛으로
감싸주는 따스함

고룡 맹치덕

한 스승 이 저쪽에
별이요 달이더니

차라리 듣지 말걸
두 귀를 씻어야지

이보다 더할 순 없다
마음 섬뜩 으스스

노산당 전향아

꿀벌뫼 흘러 내려
새냇물 구비 치고

새 언덕 높은 다락
곱게 쓴 임의 솜씨

당다귀 뒷발에 채인
아픈 모습 잊은 듯

갑고 홍영표

깊은 숲 굽이굽이
귀양길 바로 그것

별 빛을 시새우는
나귀 발 차였으니

슬프다 셋 숨은 이로
온 누리가 일컬어

서봉 조철식

타고난 뛰어난 글
어리다 밀리더니

스승의 괴임받고
끝내는 미움미끼

세 가지 버팀목되어
푸르름을 지켰다

안일당 이원희

어린 날 글재주는
일찍이 싹이 텃고

배움이 보배되어
나라를 빛냈으나

돌아선 벗의 꾀 앞에
살찢기는 아픔을

설전 임준신

글 솜씨 뛰어나고
어진 뜻 높았건만

한 스승 모셨던 이
길 달라 저지른 일

눈 뜨고 못 볼 일이나
남긴 자취 빛나네

우인 경우수

앗아간 미르 자리
당나귀 승냥이로

발길에 뜯긴 살점
선비 얼 본보기라

가마귀 해오라기 속
서로 견줘 비춰네

석초 홍오선

몽둥이 두들기고
말꼬리 달아 끌고

이 몸이 피투성이
가루가 되더라도

선비의 올곧음이야
바뀔리가 있으랴

매현 김낙원

뛰어난 글재주로
뒷날의 미움 씨앗

가라골 솟대내리
솔대를 가꾸었네

큰 집안 우러르는 이
자나는 이 흐뭇해

가산 임봉훈

6. 용강사(龍岡祠)에서

아우를 이끌고서
숨은 길 아주 멀고

깨끗이 한결같은
지키던 외론 마음

일부러 죽만 먹으나
노랫소린 맑았다

최 중 관

▲ 용강사(龍岡祠)

▲ 용강서사 앞에서

▲ 용강서사에 올라

용강사(龍岡祠)에서

온 여든여섯 번째 한가락 모임
때 : 4338(2005)년 9월 4일, 일요일, 맑음
곳 : 경남 양산시 웅상읍 용당리

단기(檀紀) 4338년 8월 1일(陽曆 九月 四日) 추석(秋夕) 이주(二週) 전날이다. 아침 7시 사당역(舍堂驛)에 모여서 출발하였다. 구름낀 우중충한 날씨에 국도(國道)는 비좁았고 차량들은 굼뱅이 걸음이어서 짜증도 날법하나 아무도 불평 한마디 없었다.

숭조사상(崇祖思想)의 전통(傳統)과 세계사적 문화유산(世界史的 文化遺産)인 성묘와 벌초(伐草)는 지금이 적기(適期)인 첫 일요일이라는 것을 알고 있기 때문이다. 길은 넓어도 가는 길은 멀고도 좁아보인다.

오늘은 경상남도 양산시 웅상읍 용당리(梁山市熊上邑龍唐里)에 있는 울산박씨 사은공(沙隱公) 추모처인 용강사(龍岡祠)를 찾는 날이다. 이곳 웅상은 북쪽이 울산시(蔚山市)이고 남쪽은 부산직할시이며 동쪽은 동해바다로 이어진다.

특히, 울산시 한복판을 가로질러 흐르는 태화강(太和江)은 양산시에 속하는 가지산 도립공원 일대에서 발원집수(發源集水)되어 사연호수(댐)를 이루고 동서(東西)로 가로질러 동해(東海)로 흐른다.

사연호는 울산공업단지의 용수를 충당하고 있으나 그곳에는 세계최대(世界最大) 넓이의 반구대 암각화(巖刻畵)가 있다. 안타깝게도 호수

에 만수가 되면 물에 잠기고 물이 빠지면 수면 위로 나타난다. 이곳 바위에는 밍크고래를 비롯하여 다양한 종류의 고래그림과 고래잡이 그림 등이 단일바위위에 암각된 것은 세계최대라고 할뿐 아니라 이를 보존하기 위한 학계 및 사회 관계자 여러분들이 활발한 운동(運動)이 전개(展開)되고 있는 것으로 알고있다. 여기에 그림이 새겨진 것은 바다가 가깝다는 것과 바위아래로는 육로로 가는 길목이 있는 통행로(通行路)였다. 강(江) 줄기를 따라 3킬로미터정도 올라가면 천전리각석(刻石)이 있는데 국보 147호이다. 병풍처럼 서 있는 넓은 암벽에는 신라법흥대왕(大王), 법흥태왕(太王), 화랑도(花郞徒), 모즉지대왕(牟即智大王) 또는 모즉지태왕 등의 여러 가지 문자가 각석 되어있고, 지금은 철책으로 울타리를 만들어 출입을 금하고 훼손을 방지하고 있다. 양쪽은 깍아지른 듯한 기암협곡으로 골이 깊으며 산새가 수려하여 옛날 신라화랑들이 수련하던 곳이 아닐까 하고 추측들을 하고 있는 곳이다.

대구에 있는 대학에서 학술(學術)조사를 오랫동안 한 것으로 알고 있으며 원형그대로 본을 떠서 도서관 현관에 설치한다는 말을 오래전에 들었던 것이 기억에 남는 곳이다.

용강사(龍岡祠) 서쪽에는 경부고속철도 통과지로 한 여승의 단식투쟁을 벌인 가지산이 있고, 일명 정족산(鼎足山)이라고도 한다. 임난때 울산성과 서생성(西生城)에서 엄청난 혈투를 벌였던 유서(由緖)깊은 이곳에 신라 박, 석, 김, 삼성(朴昔金三姓) 중의 하나인 박씨 중 흥려박씨(興麗朴氏)로 관조십육세손(貫祖十六世孫)인 중시조 사은공박윤웅(沙隱公朴允雄)에 대한 이야기의 역사탐방이다. 대대로 이부상서(吏部尙書), 문하시중(門下侍中), 통의대부(通議大夫), 군기감정(軍器監正) 등 벼슬집이다. 그리하여 후손들은 울산을 본관으로 하고 20개파 중의 하나인 용당파(龍塘波)로 오늘에 이른다.

1099년 침공해 들어온 동여진 10만 대군을 물리쳤고, 이어 고려 16대왕 예종(睿宗)때 재침한 여진족을 윤관, 오연총장군과 더불어 격퇴

시켜 흥려백대장군(興麗百大將軍)에 봉해진다.

윤웅(允雄)의 아들 우(佑)는 이부상서(吏部尙書), 증손(曾孫) 자연(子演)은 봉부랑(奉夫郎), 그리고 고려말 감무(監務)를 지낸 한림유은유(翰林柳隱愈)는 나라의 국운이 위난(危難)해지자 우분(憂憤)을 참지 못하여 만수산두문동(萬壽山杜門洞)에 들어가고 또 고향 울주로 돌아갈 때 목은과 야은이 그를 위하여 글을 남겼다.

"견재촉국삼춘혈(鵑啼蜀國三春血) 학반요양만리심(鶴返遼陽萬里心)"이라 했고, 선죽교(善竹橋)에 이르러 상심처(傷心處)인 것을 불승감탄(不勝感歎)하고 나라의 운명과 함께한 대절(大節)이라 후세인들로부터 추앙을 받는 것은 당연하다.

우리 나라 남쪽 끝 부산에 접한 양산시는 거리가 서울까지 천리가 넘어 도착시간도 늦어졌다. 문중 분들과 만나 안내를 받으며 중식부터 대접(待接)을 받게 되어 송구스러웠다. 긴 여정으로 피로하였으나, 푸짐하게 차린 음식맛과 시골인심에 모두 사라지고 곧 용강사(龍岡祠)를 찾았다.

전형적(典形的)인 촌락으로 입구에는 이름모를 꽃들이 붉고 노랗고 빽빽하게 자리를 차지하고 있었고, 한 그루 감나무에는 총총히 박힌 밤하늘 별처럼 옹기종기 감이 매달려 있었다. 지붕과 담장에는 빛바랜 기왓장이 세월의 정감(情感)을 일깨워 주었고, 현판 용강사(龍岡祠)가 눈에 들어오고 앞뜰에는 오래된 큰 은행나무가 지난 세월을 말해주고 있었다.

선조삼위(先祖三位)를 모신 석비제단(石碑祭壇)이 설치되어 있는 곳을 살펴보고 사당에 들어가 중관 최권흥(中觀 崔權興)선생님께서 준비하신 자료에 따라 열강을 해주셨고 울산박씨 대종 학산서원종유사(蔚山朴氏大宗鶴山書院宗有司) 주엽씨(注燁氏)를 비롯하여 여러 분들도 함께 참여하였다. 선생님께서 지으신 시조와 한시 칠언율시(漢詩七言律詩)를 우렁차게 읊었으니 살아있는 역사를 체험하게 하였고 박씨문중(朴氏門中)의 영광(榮光)일 뿐아니라, 이나라 역사에 한 몫을 담당한것이리라. 주엽씨로부터 선조들에 대한 보충설명이 있었고 주엽씨의 청(請)으로 태화강변(太和江邊)에 신축된 학산서원(鶴山書院)의 축시를 필자(筆者)를 비롯하여 다음 여러분들과 함께 차운(次韻)으로 한시를 지어 보냈다.

서원 김용대(西原 金容大), 예주 김영기(濊州 金榮基), 우인 경우수(又仁 慶佑秀), 설전 임준신(雪全 任準臣), 안일당 이원희(安一堂 李元熙), 삼우당 장선숙(三友堂 張善淑), 노산당 전향아(魯山堂 全香阿).

틈없는 바쁜 하루였다. 오후 5시가 가까운 가운데 이곳을 출발하여 경부고속도를 따라 서울 사당역에 도착하니 오후 9시 반경이다. 무사히 도착한 것을 서로인사로 나누고 다음날을 기약하면서 뿔뿔이 헤어졌다.

가산 임봉훈 씀

한 잔 술 받들려고
대 사립 밀었더니

오리발 두 그루가
솟구쳐 아름드리

문 걸고 콩죽만 떠도
한결같은 큰 마음

벽고 장대열

맡은 일 밤낮으로
들풀을 노래하고

마쪽에 돌아앉아
쇠같은 마음 품고

죽으로 살아가리라
다져가는 한살매

고룡 맹치덕

맘에 밴 묵은 첫맛
몸에 밴 그 속쓰림

아물고 깎아 내린
품안에 고운 햇살

뻥물을 제 한 몸으로
삭혀 내린 바닷물

욕천 최장호

네 임금 고임 받고
큰 물 때 쪽배 노릇

아우 손 마주 잡고
띠집문 닫아 매니

하나만 섬기려는 맘
해 달보다 더 밝아

서봉 조철식

또 다시 찾은 집안
이름도 미르 큰 집

맏 아우 한 뜻으로
죽 먹고 지킨 나날

두 그루 오리발나무
깨끗한 임 그린다

안일당 이원희

임금뜻 받아지녀
나라를 사랑했고

뉘뉘로 이어이어
아픔을 겪었으니

아우와 함께 숨어든
죽 그릇이 빛난다

설전 임준신

눈 둘 곳 어데 인가
아우의 손을 끌고

아래로 멀리 숨어
노래로 속 달래며

죽으로 숨을 마친 뜻
미역바위 전하네

우인 경우수

붉덩물 지던 해에
섶다리 다시 놓아

나라가 이진다고
지며리 애쓴 보람

겨레의 거멀장 되어
두루 엉켜 살았다

세화 정무진

곧은 얼 지키기에
형 아우 한 뜻으로

고사리 지닌 뜻을
죽으로 되살린 이

뜨겁고 매운 넋이야
구슬되어 남았네

석초 홍오선

큰 구름 뫼도 높고
깊숙이 돌아 앉아

온갖 애 쓰다보니
속 편할 날이 없어

한주댁 죽 먹듯한다
마을마다 말하네

매현 김낙원

새마쪽 미르 큰 집
터잡아 우뚝하다

맏아우 한 길이라
서라벌 띠앗머리

이은 이 이어 이어서
한 집안을 빛낸다

가산 임봉훈

7. 숭의재(崇義齋)에서

어쩌다 나라꼴이
예까지 왔다더냐

모두다 버리고서
숨어나 살으리라

애타다 남은 마음은
거문고로 달래며

최 중 관

▲ 숭의재(崇義齋)

▲ 숭의재 앞에서

▲ 두은공 추모비

두은공 공부를 하며 ▶

숭의재(崇義齋)에서

온 여든일곱 번째 한가락 모임
때 : 4338(2005)년 10월 9일, 일요일, 맑음
곳 : 숭의재(崇義齋) - 경북 김천시 부항면 지좌리

오늘은 한글날이다. 우리 나라는 지도상으로 보면 아주 작은 나라이다. 그런 작은 나라에서 나랏말과 글이 있다는 것은 대단한 힘이다. 자긍심에 다시 한번 우리 말의 깊은 맛과 느낌을 잘 엮어 좋은 글을 남기게 해달라고 그냥 마음으로 빌어본다. 마침 일요일이라 차량도 많을 것이며, 도로가 소홀하지 않겠지만 그래도 좋다. 목적이 뚜렷한 우리들이기에 오늘도 변함없이 한가락회원들은 모여서 출발할 것이다.

특히 시월은 여행하기에 알맞은 좋은 날씨가 아닌가! 아침 이른 시간이라 그런가 텅 빈 도로가 어디론가 떠나고픈 생각을 갖게 한다. 매일 꽉꽉 막히는 교통 체증 속에 살다가 이토록 텅 빈 도로를 보니 마음이 동할밖에…… 늦은 시간이 되면 어찌될지 모르겠지만 지금은 시원하다.

서둘러 약속장소에 나가니 우리 뿐만 아니라 가을여행을 준비한 사람들이 즐비하다. 버스에 올라 회원들을 확인하며 오지 못한 회원들을 다시 한번 확인해보고 출발하니 7시 10분이다. 선생님을 비롯하여 모두 21명이 특별한 가을 놀이를 떠나는 셈이다.

지금으로부터 천년 전의 큰일을 하시던 사람의 행적을 찾아 경북 김천 부항면 지좌리로 달리는 중이다. 늘 그랬던 것처럼 중간 안성휴게소에서 아침을 먹었다. 청명한 가을하늘을 바라보며 추풍령을 지나면서 오늘은 어떤 시상으로 어떤 시를 쓸 것인가 생각을 정리해 본다. 오늘까지 한가락 모임은 187회를 이어오면서 긴 세월의 오래된 역사만을 찾아 다닌지 꼭 16년이 되었다. 긴 세월을 한번도 빠뜨리지 않고 한 달에 한 번을 지킬 수 있음은 희미한 과거를 되짚어 힘들게 자료를 준비하시는 중관선생님의 노고와 우리회원들의 똘똘 뭉친 이해와 단합이 오늘의 결과이다.

맘껏 달리던 버스는 어느새 고속도로 김천 나들목을 나와 거창길을 지나면서 인공폭포가 시원스럽게 흘러 내려 아름다운 곳을 지나고 있다. 인공폭포지만 지나는 관광객들의 시선을 모으기에 알맞게 잘 만들어 놓아서 좋다. 차창 밖으로 보이는 가을들녘의 황금물결에선 아직 수확하지 못한 고개 숙인 벼가 있어 더욱 가을그림을 풍성하게 하며 보는 이로 하여금 배부르게 한다. 며칠 내렸던 가을비로 약간 훼손이 된 곳도 있지만 대체로 풍년이다. 늘 풍년은 이어지고 농부들은 제 가격을 못 받는다고 애태우고 있으니 풍년이 농부들의 기쁨만은 아닌가보다. 어느 것이 정도에 딱 알맞은 일인지 통 알 수가 없다.

10시 30분에 숭의재에 도착하니 문중에서 많은 분들이 나오서서 맞이해 주시니 얼마나 고마우신지 말로 표현할 길이 없다. 점점 정이 메말라 가는 세월 속에 바쁜 와중에서도 이렇게 손님맞이를 해 주시니 정말 고마운 마음 넘친다. 31세손 근후(根厚), 32세 우재(愚在), 우준(愚俊), 33세 인기(仁基), 수기(守基), 35세손 인수(麟洙)씨 먼 후손까지 오늘 모였으니 벽진 이씨의 후손들께서 조상님 섬김이 투철함을 알 수 있음이다. 우리도 조심스럽게 어른들께 인사를 여쭈면서 준비해간 자료를 모원당(慕遠堂)에 둥그렇게 둘러앉아 강의를 들었다.

숭의재는 경상북도 김천시 부항면 지좌리에 있으며 이두은(李杜隱)

공을 추모하는 곳이다.

이두은공의 휘는 존인(存仁)이며 벽진 사람이다. 시조 벽진장군 총언(悤言)으로부터 15세손이다. 공은 어려서부터 자질이 맑고 깨끗하였으며 총명하여 글짓기를 즐겨하였다. 과거에 급제하여 여러 주요 관직을 두루 거쳤으나 나라의 일이 날로 그릇되어감에 벼슬을 버리고 시골로 내려가 시와 바둑을 두면서 자신의 불사이군의 절개를 지키면서 생을 마감하였다.

부인은 최씨로 영남 지례현 대금산 기슭에 합장으로 무덤을 만들었으나 난리에 실전되어서 뒤에 단을 만들어서 오늘날 받들어 기리고 있다. 덕경(德敬)이란 아들 하나를 두었는데 우사랑중(右司郎中) 벼슬을 지냈다. 이 집안은 아버지와 아들이 또 그 아들이 이어이어 훌륭한 집안의 맥을 이루어 내려오는 복 받은 집이었다.

중관선생님이 찬하신 한시로 목청을 다듬어 다같이 불러주니 가슴이 아려오는 것이 두은공과 지금 교감이 되는 것 같다.

이 마을은 벽진 이씨와 연안 이씨가 많이 살고 있다고 하는데 곧 수몰위기에 와 있다고 한다. 생존권을 보장하라는 빨간 글씨로 크게 써 붙인 것이 군데 군데 눈에 띈다. 차 길가에 자리한 이곳 재실 숭의재도 다른 곳으로 옮기라는 영(令)을 받고 보상을 받기로 했으나 조금 주는 보상금으로 땅을 확보하여 어디로 옮겨 갈 것인가 자리를 확정 짓지 못하여 고심중의 고심이라고 하니 우리 한가락 모임이 이 곳 지좌리에 위치해 있는 동안의 숭의재에는 마지막 방문객이 아닐까 하는 생각이 든다. 숭의재에서 단체사진을 찍으며 다른 날과는 달리 가슴이 짠하다. 눈에 잘 심어두어야겠다. 훌륭한 분을 기리던 곳인데 이제는 다시 찾아도 볼 수 없는 곳이기에……

중관선생님이 지으신 시조가락 중에서 천여년 전으로 거슬러 올라가서 그 어른의 기분으로 읊으셨던 "어쩌다 나라꼴이 예까지 왔다더냐"라고 읊으셨는데, 오늘날에도 수몰위기에 처하게 되었으니 조금도 그 때와 다를 바가 없이 다시 또 조용하고 아늑한 곳의 숨을 만한 쉽

터를 찾아야만 되었으니……

모두들 안타까운 마음을 남겨두고 강의를 마치니 딱 점심 먹을 시간이다. 모두들 시장기가 드나보다. 문중에서 안내한 식당으로 가니 오늘 점심은 흙돼지갈비이다. 시장도 하였겠지만 양념이 잘 되어있어서 아주 맛있게 많이들 먹었다. 문중분과 작별의 인사를 나누고 서울길로 올랐다.

서울과의 거리가 멀지 않았고 일찍 서둘렀던 관계로 사당동에 도착하니 4시 30분이 조금 못 되었다. 모두들 무사히 오늘의 일과를 마치고 즐거운 마음으로 다음에 만날 것을 약속하며 헤어졌다.

끝으로 중관선생님이 주신 운(韻)에 따라 과숭의재(過崇義齋)의 제하에 7언 율을 한 수 읊어 보았다.

國運日非漸弱微　　棄官千里遠鄕歸
金陵幽谷考槃大　　釜項淸風藹軸巍
自酌三更鵑痛哭　　彈琴一曲鶴高飛
杜門狷介麗魂魄　　半萬年來無二輝

국운이 날로 그릇되어 점점 약해지니
벼슬을 버리고 천리 먼 시골로 돌아왔도다
금릉땅 깊은 골짜기 숨어사는 즐거움이 크고
부항골 맑은 바람 너그럽고도 높도다
혼자 앉아 술마시는 삼경에 두견새 슬피울고
거문고 한 곡조에 학이 높이 나는구나
문 닫고 지키는 절개 고려의 혼과 넋이니
반만년 오는 동안 둘도없는 빛남이로다

노산당 전향아 씀

돌 틈에 솟는 샘물
졸졸졸 흘러흘러

맑고도 고운 얘기
여기에 실어오나

거울내 언덕에 서면
소곤소곤 속삭여

벽고 장대열

할아배 세운 나라
끝까지 잊지 못해

피눈물 앞을 가려
굳건히 문을 걸고

켠켠히 쌓이는 아픔
가락에다 싣는다

고룡 맹치덕

어쩔 수 없다 하네
대피리 불어봐도

어쩔 수 없다 하네
솔가지 만져 봐도

그러나 알 수 있음에
숨김없는 숨소리

욕천 최장호

두 눈에 꼭 찍어서
마음에 담아야지

큰 어른 남기신 터
머잖아 물에 잠겨

이제는 어디로 가나
다시 짐을 챙기네

노산당 전향아

구슬이 낳은 선비
벼슬도 높았다만

나라꼴 어지러워
모든걸 다버렸다

고장에 깊이 숨어서
거문고나 벗하리

갑고 홍영표

고은 뫼 푸른 하늘
달리는 누르기벌

곧은 이 맏님 찾아
솔대의 울타리 속

가야금 무릎에 얹고
서러움을 달랜다

안일당 이원희

벼이삭 고개 숙임
숨은 이 마음인 듯

큰 뜻을 품었으나
나라가 기울었고

내 마음 가슴에 안고
거문고와 벗하리

설전 임준신

나랏일 글러가니
눈 둘 곳 어데 인가

멀직이 깊이 숨어
노래로 속 풀었네

못 다한 아픈 응어리
한 가락이 부른다

우인 경우수

숨을 곳 귀살쩍어
싸리문 차깔하고

세 벗과 어울려서
외로움 눙치어라

해 진 뒤 남은 빛깔에
섧은 가슴 저미오

세화 정무진

뫼 이름 세 봉우리
찾는 이 드물어도

옛 선비 올곧은 넋
잠들어 숨쉬는 곳

기리는 한가락 소리
솔푸르름 더하네

석초 홍오선

나라꼴 바라보며
어디에 가서 살까

생각다 아픈 마음
골병이 들었는데

거문고 소리마저도
애달프게 울고나

매현 김낙원

노랗게 익은 감이
한가락 맞아주네

솔대 속 맏님 찾아
그리는 높은 마루

무릎 위 가야금 소리
서러움을 잊는다

가산 임봉훈

8. 망송재(望松齋)에서

옛서울 바라보면
꿈에도 그리워라

나라를 잃었으니
무엇을 어찌하랴

모두 다 깨끗이 하고
기다리자 먼 뒷날

최 중 관

▲ 망송재(望松齋)

▲ 망송재 앞에서

▲ 몽계공 신도비

몽계공 묘 ▶

망송재(望松齋)에서

온 여든여덟 번째 한가락 모임
때 : 4338(2005)년 11월 20일, 일요일, 맑음
곳 : 망송재(望松齋) - 경상남도 합천군 용지면 용지리

오늘은 십일월 이십일 한가락 역사 탐방 제188회 경상남도 합천군 용지면 용지리에 있는 여말 충신 한 몽계공을 모시는 망송재를 찾아가는 날이다. 원래 날짜는 지지난 일요일로 일정이 잡혀있었으나 문중 시사와 우리의 행사가 겹쳐 두주일 늦춰지게 되었다. 어둠이 채 가시지 않은 이른 새벽 찬 공기를 마시며 집을 나섰다. 지하철 잠실역에서 갑고님을 만나 함께 사당에 이르니, 우리가 타고 갈 버스는 시동을 걸어놓고 회원들을 기다리고 있다. 출발 시간이 가까워지자 회원들이 속속 도착하고, 차는 이내 오늘의 목적지 합천을 향해 출발하니, 오늘 함께할 회원은 선생님을 위시하여, 갑고, 서봉, 세화, 매현, 석초, 가산, 벽고, 욕천, 문화타임즈 강국장, 설전, 안일당, 삼우당, 노산당, 민영순씨, 박미인씨, 본인 등 17명이다. 계절은 겨울로 접어들어 요즈음 주부들은 김장들이 한창이다. 며칠 전 우리도 옥상에다 알량하게 만든 밭에서 수확한 배추로 김장을 담구었다. 서초동 나들목을 통해 올라선 고속도로는 아직 어둠이 가시질 않아 창밖은 뿌옇고, 나무들은 잎을 떨구고 인고의 겨울을 대비하고 있다. 기흥 휴게소에 들려 아침을 미처 들지 못한 회원들은 아침을 해결했다. 여늬 때 같으면 기흥

휴게소를 출발하면서 고룡의「화동인물총기」의 강의가 이어졌는데, 오늘은 고룡은 참석치 않고 노산당도 한시 강독 준비를 하지 않았다며, 편히 모시겠다는 말로 차중 공부 없음을 알린다. 사람은 이 세상에 오면서 무슨 역할을 부여 받고 오는 걸까, 그렇다면 나란 무엇인가, 해가 뜨니 멀리 산 밑에 옅은 안개가 드리워져 있다. 저마다 제 모습으로 한평생 속아 사는게 인생살이가 아닌가 하는 생각을 해본다. 대전 터널을 지나니 왼쪽으로 호수가 눈에 들어오고, 고속도로 확장구간중 아직 마무리 공사가 덜된 곳의 공사가 한참 진행 중이다, 들판은 황량히 비어 있고, 벼를 벤 논바닥엔 서리 맞은 허수아비가 쓸쓸히 서 있다. 농사짓는 사람들은 지금 가을걷이를 마치고 김장해 담고, 모처럼 여름 내내 흘린 땀의 보상을 받을 만 하건만, 이즈음 남쪽 바닷가 도시에서는 주변 나라의 높은 분들이 오셨는데, 살려 달라는 아우성 소리가 한참 요란 했다. 차는 추풍령 휴게소에 들려 잠시 쉬었다 다시 출발 했다. 김천 나들목을 나와 시가지를 거쳐 합천 가는 길목, 감천 냇가 늪지에는 갈대가 무성하다. 까치밥으로 남은 연시와 떨어지는 낙엽은 보는 이를 쓸쓸하게도 하지만, 군데 군데 쌓아논 볏단과 가을 걷이를 끝낸 들판은 보는 이를 푸근하게도 해준다. 냇가를 지나고 거창을 거쳐 합천에 이르는 길은, 도로가 얼마나 꾸불꾸불한지 닫힌 공간에 난방기를 틀고 한참을 휘둘렸더니 멀미 증상까지 생겼는데, 겨우 참고 가다 12시가 다 되어 용지리 마을 입구에 닿았다. 망송재는 거기서 얼마 떨어지지않은 마을 가운데 있었다. 재실은 한참 단장을 하는 중이었는데, 관리인이 없어 우리는 수소문하여 재실 건너편에 사는 한씨 문중의 한 아주머니의 안내를 받아 고개 넘어 길가에 서 있는 몽계공의 신도비와 그 길 끝 언덕 밑에 있는 공의 산소를 둘러보았다. 산소는 낮은 언덕에 남향으로 이단으로 축성되어 있는데, 옛날 비석을 옆에 세우고, 가운데에 새로 만든 비석이 세워져 있는데, 정면에 봉익대부전법판서청주한철중지묘(奉翊大夫典法判書淸州韓哲冲之墓)라 새겨있고, 옆에는 구갈서평산이중세봉평산아이근세복이구

관서지이(舊碣書平山以中世封平山也而近世復以舊貫書之耳)라 새겨 있으며, 꾀 큰 소나무 세 그루가 묘소를 지키듯이 서 있었다. 우리는 공의 산소 앞에서 정열하여 기념사진을 찍고, 올라오기 전에 점심을 예약했던 식당으로 옮겨갔다. 식당에 이르니 1시가 조금 지나 때맞춘 점심시간이 되었다. 시골마을 식당 점심 밥상은 청국장에 우거지국, 무생채와 고추에 가루 입혀 무친것, 김, 갈치튀김 등인데 모두들 맛있다고 밥을 더 달래 먹는 사람도 몇 있었다. 식사를 마치고 상을 치우고 우리는 공부에 들어갔다. 공(公)은 휘가 철중(哲冲), 자(字)가 홍도(弘道), 청주(淸州)인으로, 충숙왕(忠肅王)8년 신유(辛酉)에 부(父) 중현대부(中顯大夫) 예의판서(禮儀判書) 희적(希迪)과, 모(母) 합천 이씨 사이에 태어났으며, 어려서부터 총영(聰穎)하고 알차고 도탑게 갈고 닦아, 경학(經學)에 밝고 깊고 문장이 넉넉하였으며, 홍범지서(弘範知書)를 외우며 끊지 않았으며, 목은(穆隱), 포은(圃隱), 야은(冶隱), 초은(樵隱), 운곡(耘谷) 등 제현들과 더불어 도의로 사귀었으며, 일찍이 목은과 더불어 대소과에 함께 합격하여, 목은이 추허(推許)해 말하기를 "문장(文章)은 내 미칠 바가 아니고, 잡아 지킴은 승상(丞相)이요, 후(侯)를 봉(封)할 만하나, 벼슬에 뜻을 두지 않았다." 했으며, 초은(樵隱)은 시(詩)를 주어 말하기를 "경술(經術)은 선비의 귀(貴)함이 되고, 청렴(淸廉)은 세상의 어진이로다." 하였으며, 충숙왕 복위(復位)2년 신사(辛巳)에 생원(生員) 진사(進士)에 나아가고, 공민왕 2년 계사(癸巳)에 문과(文科)에 올라 벼슬이 사헌부(司憲府) 장령(掌令) 양광도(楊廣道) 안렴사(按廉使)를 거쳐 예의판서(禮儀判書)에 오르고, 봉익대부(奉翊大夫) 전법판서(典法判書)에 옮겼으며, 여러 어진 선비와 동심륙력(同心戮力)으로 왕실(王室)을 도왔는데, 고려 운(運)이 다함에 미쳐 드디어 두문동에 들어가, 그 뜻을 지켜 선왕(先王)에게 바치려 했다, 후에 물러나 고령(高靈) 벽송정(碧松亭)에 거(居)하며, 세한지지(歲寒之志)를 지키며 다시 상주(尙州) 백원산(白原山)으로 숨으니, 신조(新朝)에서 여러번 불러도 나아가지 아니하고 합천(陜川) 조동(釣

洞)에 숨으며, 시(詩)를 지어 말하기를 "낙일청계상 한와몽전조(落日淸溪上 閒臥夢前朝)"라 하고 스스로 호를 몽계(夢溪)라 하였다. 공(公)은 삼취(三娶)하니 첫째는 이(李)씨요, 다음은 안동 권(權)씨 대언(代言) 확(確)의 따님이며, 다음은 영가(永嘉) 장(張)씨 판위(判衛) 지순(之順)의 따님이며, 사남 이녀를 두었으니, 남(男) 진(珍)은 군수(郡守)였으며, 염(廉)은 목사(牧使)였으며, 겸(兼)은 헌납(獻納)이며, 양(讓)은 교위(校尉)며, 따님은 군수 진주(晋州) 유백통에게 시집 갔으며, 둘째는 대사헌(大司憲) 흥양(興陽) 이은(李垠)이다. 공(公)은 임종(臨終)시에 가인(家人)들에 일러 말하기를 나는 망국(亡國)의 대부로서 이름과 더불어 함께 없는 것이 옳다 하여, 명(命)하여 지은책을 불사르게 하고, 무덤에 봉분(封墳)을 쌓지 못하게 하고, 따라서 비석(碑石)도 세우지 말라 하며 자손들은 각 고을에 흩어져 살아라 하고 모년 6월25일 돌아가니, 군서쪽 중산(中山) 침자원(枕子原)에 장사 지냈다. 오호라 우리 단군 이래로 수천년 동안 곧은 충성 큰 절개가 여말(麗末)의 제현(諸賢)보다 왕성함이 있지 않았으니. 세칭(世稱) 두문동 72현이니, 그 숫자는 많다는 뜻이요, 그수는 백도 넘는다는 뜻이다. 선생님은 찬시(讚詩)에서

坤月山川霜葉紋　　一車南走江陽云
高齋瓦屋雄姿谷　　大節孤臣隱遯弁
牧老同科推獎許　　子孫遺戒義方賁
雲仍隨祖望松裏　　遠客整襟香火焚

음시월 산천은 서리맞은 잎으로 무늬졌는데
한 수레 남으로 달리니 강양 이라 이르더라
높은 재실 기와집이 큰 모습의 골짜기요
큰 절개 외로운 신하 숨어든 언덕 이로구나
목은 노인이 함께 과거에 올라 추장을 허여하고

자손에게 경계 내린 뜻이 자못 컸도다
먼 후손들 할아버지 따라 송경을 바라보는 속에
원객 옷깃을 여미고 향불을 지피는구나

라 찬하시었다. 이어 선생님이 지으신 시조와 찬시를 목청껏 부르고 공부는 끝났다. 공부를 마치고 돌아오는 길에 우리는 전에 답사(踏査) 했던 거창군 남하면 무능리 산포동에 있는, 조선조 선비 심원공을 기리는 심원정에 들렸다. 공은 여말(麗末) 절의충신 채미헌공의 후손으로 정선 고향땅을 지키며 살다가, 숙종36년(1710년)에 거창 산포로 이주하여 300여년 가까이 번성을 누리며 살게한 거창 입향조로 문중분들의 숭조심이 각별하다. 다락 벽에는 중관 선생님이 쓰신 상량문을 비롯하여 우리 회원들이 지은 시들이 줄줄이 걸려있어 더욱 눈길을 끌었다. 우리는 정자를 둘러보고 다시 차에 올라 서울로 향했다. 해질녘 가을걷이 끝난 시골 마을의 풍경은 한없이 푸근하다. 김천을 지나고 6시가 가까워지니 차들이 하나 둘씩 불을 켜기 시작하고 대전이 가까워지니 다른 고속도로들과 합쳐져서 차가 밀리기 시작 했다. 도로는 정체되나 언제 들어도 청아한 갑고님의 소리는 바깥 사정을 잊게 한다. 한가락 대표시 「바람이…」와 「도봉관풍」, 「소춘풍」이 이어지고 매현의 재담이 곁들여 졌다. 도로는 각 문중의 시사(時祀)와 관광객들이 겹쳐서인지 많이 밀렸다. 그래도 오다오다 보니 9시반 사당에 도착했다. 오늘도 이렇게 해서 한가락 탐방역사의 한 순번을 넘긴다. 모두들 열심이라서 잘들 하시고 있지만 부디 건강 하시어 좋은 결과 있기를 기원한다.

우인 경우수 씀

이무기 삿갓 쓰고
돌거북 등에 얹혀

여섯 온 긴 날들을
솔내음 꿈꾸는데

그리움 길고 짙었다
돌옷 겹낀 세 조각

벽고 장대열

꿈이라 하더라도
그 곳이 솔밭이면

묵은 밭 새로 갈며
낚는다 흘러감을

본대로 꿈속의 그늘
늘어지게 눠 볼까

욕천 최장호

이 한몸 힘을 다해
끝까지 지켰지만

어쩌랴 떠난 임을
붙들지 못했으니

세 그루 솔 그늘 밑에
부끄럽게 눕는다

노산당 전향아

푸른 솔 푸른 물에
스치는 맑은 바람

나라를 잃었으나
곧은 뜻 지키게 해

즈믄해 거듭하여도
한결 같음 보이리

갑고 홍영표

합천 보 물빛 짙고
나뭇잎 검은 것은

곧은 이 맘 굳히고
책사른 연기던가

무덤 뒤 큰 솔 한 그루
꿈 이야기 이른다

서봉 조철식

옛 서울 바라보며
눈물로 절 올리네

꿈 속의 맑은 시내
이름도 붙여보며

도래솔 네모 눕자리
지켜왔네 뉘뉘로

안일당 이원희

깨끗한 마음이니
가름이 빨랐구나

주어진 일들일랑
저 멀리 뒤로하고

숨어서 옛 서울 보며
아픈 가슴 달랜다

설전 임준신

맑은 내 꿈꾸면서
옛 서울 바라본다

나라는 바뀌어도
내 마음 하나로다

무덤가 세 푸른 솔은
큰 뜻 지킨 빛이다

우인 경우수

나라가 끝났으니
해 볼 바 전혀 없어

솔서울 바라보며
꿈에도 못 잊으니

선비의 올곧은 넋이
시내되어 흐르네

석초 홍오선

눈물로 바라보는
그린 님 계시는 곳

꿈에 본 맑은 물은
곧은 이 마음인데

도래솔 네모 놉자리
이어 이어 기린다

가산 임봉훈

9. 거평사(居平祠)에서

붉은 띠 도둑떼냐
보고만 있었으랴

달마다 초하루면
옛 서울 바라보고

눈물을 흘린 나머지
이름까지 바꿨다

최 중 관

▲ 거평사(居平祠)

▲ 악은공 경의재

▲ 눈 내리는 거평사의 경의재

악은공 공부를 하며 ▶

거평사(居平祠)에서

온 여든아홉 번째 한가락 모임
때 : 4338(2005)년 12월 4일, 일요일, 눈
곳 : 전라남도 나주시 문평면 동원리

새벽 5시 눈발이 날리는 어둠을 가르며 호수공원을 뒤로하고 필자는 정발산(鼎鉢山)역을 향하였다. 포근한 듯 하면서도 여명의 솔솔바람은 차갑다. 오늘은 한가락역사탐방 189회째이고 전남 나주시 문평면 소재 고호 문풍(古號文豐)의 여말충신 노악은공(魯岳隱公)을 모신 거평사(居平祠)를 찾아가는 날이다. 사당역을 7시경 출발하여 고속도로 기흥휴게소에 도착하였다. 노산당의 재치 있는 주문, 20분 안에 아침식사를 비롯하여 모든 볼일을 다 보고 오라고 하면서 늦으면 다음 차를 이용 바란답니다. 밤에 내린 눈이 얼어붙어 조심스레 하차하였다. 산야는 흰옷으로 덥혔고 예쁜 우산처럼 생긴 측백나무 가지에 내린 흰 눈은 지나칠 수 없는 그림이었다. 휴게소 광장은 빙판(氷板)이었고 그 위에 나린 눈은 보행자(步行者)에게 위협을 주었다. 선생님께서는 3번이나 몸을 가누시지 못하셨다. 갈 길은 천리인데 하늘은 어둡고 하여 걱정들이 앞선다. 설원(雪原)의 절경(絕景)은 남으로 내려가면 갈수록 폭설(暴雪)이고 왕복 4차선 고속 국도가 한 개의 차선으로 바뀌었다. 걸음마 길에 사고 차들이 눈에 뜨이는가 하면 하행선 길에 거꾸로 서 있는 차도 보였다. 고인돌 휴게소를 지날 때의 시간이

11시 10분이었다. 많이 지체되었다. 날짐승들도 폭설을 피하여 전봇대줄이나 전선에 삼삼오오 떼지어 앉아있다. 눈에 덮힌 이정표는 나그네들을 괴롭히고 있다. 어렴풋이나마 함평이라는 글자가 보였는데 운전기사의 말이 앞으로 35킬로미터는 더 가야한다고 짜증스런 표현이었다. 시간이 많이 걸린다는 뜻이다. 뒷좌석에서도 뒤숭숭한 말이 들려오기도한다. 내려갈수록 태산이요 장관(壯觀)이다. 면화(棉花)같은 백화폭설(白花暴雪)이 천지를 뒤엎는다. 면화(棉花)밭 다래가 생각난다 씹으면 씹을수록 설탕물이 입안을 가득채우던 그 시절 그 추억이 향수로 돌아온다. 활짝핀 솜뭉치 씨앗 잘 가려 만든 새 솜 금침이 살갗에 닿으면 짜릿하게 매끄럽고 폭신하며 따뜻하다. 펑펑 퍼붓는 눈송이는 넓은 들을 만들고 온 세상이 백야(白野)이다. 인적(人跡)도 드문 길을 만들면서 문평면에 들어섰다. 먼저온 청담(靑潭)일행과 합류하였고 노악은공 후손들도 기다리고 있었다. 농협에서 멀지 않은 곳에 자연석으로 거평사라는 큰 안내표석(案內表石)이 세워져 있다. 그곳에 버스를 세워두고 눈길을 밟으면서 걸어가는 길목에는 금계사 유적비(錦溪祠遺蹟碑)라는 비석이 있고 무학문(舞鶴門), 경의재(經義齋), 충의문(忠義門) 그리고 악은공(岳隱公)을 모신 거평사가 자리하고 있다. 문중분들의 안내를 받아 우리 한가락 회원들은 중관(中觀)선생님의 집례(執禮)에 따라 예를 올리고 사진 촬영을 하였다. 퍼붓는 황종폭설(黃鍾暴雪)에 얼굴을 가려서 누가 누구인지 구별이 되지 않는 사진이 되었다. 내려오는 길에 안일당, 설전 등 눈밭에 무릎까지 빠지면서 사진을 찍었다. 그 모습은 동심 그대로이다. 경의재 재실에서 준비된 자료에 따라 공부를 하였다. 함께 한 후손들은 그 분들의 선조에 대하여 다시 한번 자긍심(自矜心)을 갖고 감사하였다. 선생님께서는 다음과 같이 열띤 강의를 하셨다.

노악은공(魯岳隱公)은 함풍인(咸豐人)으로 고조(高祖)는 예부상서(禮部尙書), 증조(曾祖)는 평장사(平章事), 조부(祖父)는 밀직사사(密直司事), 고(考)는 보문각직제학(寶文閣直提學) 벼슬을 하는 등 대대로 큰 문벌가문이었다. 악은공은 고려 충숙왕(忠肅王) 복위 5년 송경 가조리(松京 加助里)에서 태어나셨으며 지절(志節)이 맑고 높으며 7세에 사기(史記)를 공부하였고 8~9세 때에는 글을 잘 지었다. 12~13세 때는 경사(經史)에 능통(能通)하였고 17~18세에는 큰 선비가 되었으며 그 때부터 들리는 소문은 이둔촌(李遁村), 이목은(李牧隱), 정포은(鄭圃隱), 길야은(吉冶隱), 박어은(朴漁隱), 민농은(閔農隱), 김수은(金樹隱) 전야은(田冶隱) 제현(諸賢)들과 밥먹는 것도 잊어버리고 밤새우면서 도의사우(道義師友)로 경(經)과 이(理)에 대한 의논을 하였다 한다.

이 분들은 악은공에 대하여 하는 말이 "나라가 판탕(板蕩)할 때 훌륭한 신하는 그대가 아니고 누구인가!" 라고 할 만큼 믿음을 가지신 분이었다. 공민왕 초부터 벼슬에 올라 감무(監務)를 시작으로 역천(歷遷)하여 정윤 상호군(正尹上護軍) 등에 올랐고 홍건적내침으로 의주(義州)와 서경(西京)이 함락되니 왕은 안동까지 파천하였다. 제장(諸將)과 더불어 분격하여 도적들을 물리쳐서 일등공신으로 오르게 되었고, 또 김용(金鏞)의 난(亂) 평정에도 참여하여 일등 공훈(功勳)에 거듭 오르게 되고, 이때 함풍군으로 봉해진다. 임신변역 때 모든 어진이들과 더불어 보봉산(寶鳳山)에 들어가 두문불출하고 호를 귀은(歸隱)이라 짓고 불사이군의 절의를 지켰다. 뒤에 호를 고쳐 악은이라 하고 매월 초하루에 마을 뒷산에 올라 옛 서울을 바라보면서 4번 절하니 그 언덕을 망악(望岳)이라한다. 세 아들을 두었으니 장남은 현감을 지냈고, 둘째는 진사요 막내는 한림을 지냈던 문벌이다. 일찍이 노악은공의 사우였던 김판서 충한(沖漢) 수은(樹隱)이 남원으로 귀양 갈 적에 붙인 시가 있는데 "신왕 이성계의 부름에 의리로서 거절하고, 옛나라에 충성을 온전하게 하였구나, 나도 시골로 내려가고 있지마는, 귀양가는 당신이 부럽도다."하고 귀양가지 못하는 자기 자신의 처지가 부끄러워 위로하는 내용이다.

그리고 또 농은공에게 글을 보냈는데 "장차 내가 시골로 들어가려는 것은 내 참마음인데 여기 내려와서 아무 맛도 없이 살고 있고 송악만 바라보며 눈물만 흘릴 따름입니다. 근래에 와서 나는 아들에게 한 말이 내가 고려를 섬겼듯이 새 나라에 나아가 벼슬하라고 하였는데 당신은 당신아들에게 벼슬하지 말라고 유언을 하였으니 내 스스로 깨닫지 못하였음이 부끄럽다"고 하였다.

재실밖에 퍼붓는 눈은 그칠 줄 모르고 갈수록 태산이다. 선생님의 힘이 넘치시는 강의가 끝이 나고 회원들의 읊는 시조는 낭낭하게 울려 퍼지고 이어 부른 한시는 고요한 적막을 깨뜨렸다. 한가락모임의 자부심과 이곳 문중 분들께 우리 역사에 대한 인식을 깊이 심었다. 이젠 금강산도 식후경이라 늦은 점심을 먹기 위하여 문중 분들의 안내를 받았다. 눈을 흠뻑 맞은 우리들은 따뜻한 방이 정겨웠고 또한 푸짐한 식단 만복이었다. 폭설의 중심부에 있는 우리들은 일기예보에 귀를 기울였고 필자를 비롯 회원님들의 집에서는 우려하는 소식들이 들려왔다. 그러나 능숙한 우리 기사는 호남고속도로를 피하면서 논산을 거쳐 천안으로 빠져나왔다. 호남고속도로 뿐만 아니라 일반국도도 길이 막혔다는 방송을 들었으나 다행히도 우리는 무사히 귀경하게 되었다. 16년째 12월 4일인 오늘은 잊을 수 없는 역사탐방의 길이 되었다.

가산 임봉훈 씀

안팎에 거센 바람
힘 모아 막아내고

목숨이 다하도록
솔마루 지켰으니

온누리 하얀 눈 보며
그 마음을 담는다

고 룡 맹 치 덕

끝판에 다다름엔
있을 때 그 끝까지

맨 처음 들어 설 땐
새 길엔 새 사람이

비춤을 거꾸로 보면
끊고 잇는 새로움

욕천 최장호

달 끝의 초사흗 날
하얗게 덮힌 누리

깨끗이 처음 같이
지키며 살라한다

임께서 남기신 글에
짝을 맞춰 드릴까

노산당 전향아

누른 빛 쇠북 우니
하늘 땅 한 빛이라

솔뫼에 숨으신 임
마침내 나투시어

그동안 지낸 일들을
이제 한 듯 이르네

갑고 홍영표

어릴 때 글 잘하고
도둑떼 잡조이고

네 번 절 올린 것은
잃은 것 눠우친 뜻

큰 눈이 길을 막으니
손 그려서 그런가

서봉 조철식

눈꽃 속 새저마노
더듬어 길 찾았네

옛날만 생각하며
이름도 바꾸더니

저렇게 깨끗한 누리
보시려던 것일까

안일당 이원희

내린 눈 발 빠지며
찾아든 발라 고을

잔나비 날뛴 싸움
힘으로 물리친 분

높은 뫼 숨은 마음을
오늘 우리 따르리

설전 임준신

나라 틀 흔드는 놈
머리띠 붉은 도둑

물리쳐 막았으나
나라는 넘어가니

눈물로 옛 서울 보며
이름 바꿔 지켰네

우인 경우수

옛 서울 바라보며
눈물로 다진 마음

이름도 글자 바꿔
곧은 얼 지킨 선비

모신 집 눈 덮힌 언덕
다섯 온 해 푸른 솔

석초 홍오선

하이얀 높은 마루
누리에 우뚝하다

붉은 떼 물리치고
내려와 숨으신 곳

이름도 바꾸시면서
올바름을 지킨다

가산 임봉훈

10. 충경서원(忠敬書院)에서

어려움 속에서도
끝까지 살아남아

아들에 일러준 말
집안을 지키거라

뜻맞아 오고간 말씀
구슬이다 모두가

최 중 관

▲ 충경서원(忠敬書院)

▲ 서원 앞에서

▲ 송은공 단

송은공 공부를 하며 ▶

충경서원(忠敬書院)에서

온 아흔 번째 한가락 모임
때 : 4339(2006)년 1월 8일, 일요일, 맑음
곳 : 충경서원(忠敬書院) - 전라남도 나주시 삼영동

2006년 들어 처음 시작되는 역사탐방이다. 연이은 폭설과 추위에 걱정을 했더니 오늘은 날이 풀려 한결 포근하다.

또 우리 동천 칠호 한시모임 역시 다시 동(東)자 운부터 시작되는 날이기도하다. 오랜만에 참석하는 현정이와 삼우당과 사당에 도착하여, 반가이 새해인사를 나누고, 오늘의 행선지인 나주를 향해 출발하는데 알싸한 새벽공기가 상쾌하니 기분이 꽤 근사하다.

정담에 시끌시끌한데 지난달 총회에서 올해부터 수고해주실 회장으로 우인이 선출되었다는 갑고 선생님 말씀에, 모두들 박수를 치며 앞으로 한가락 발전을 위해 부탁을 드린다. 또한 그동안 애써준 고룡에게도 수고의 고마운 박수도 쳤다. 그 많은 한가락 행사에 빠지지 않고 목요일 공부시간에도 열심히 참석해온, 두분의 한가락 사랑은 우리다 알고 있는 사실이다.

정말로 고맙고 마음 든든하다. 이어 선생님께서 우리 한가락이 벌써 만 16년이 되어오는데, 출발부터 함께한 벽고, 고룡, 욕천, 노산당 네 사람이라며 지난 말씀을 하신다. 세월이 어디 그냥 갔겠는가? 고룡의 강의가 청출어람 막힘이 없는 원문해석이라시며, 흐뭇해 하시더

니 곧바로 채찍이시다. 목요일 한가락시간에 도덕경 강의를 시작했으니 다들 나와서 부지런히 공부하라고, 동천은 해가 뜨는 하늘이니 올해는 병술년, 주인 잘 때 집을 지키는 개처럼 열심히 공부하라고, 당부를 하시는데 죄송스러워 묵묵히 고개를 숙이고 있을 수밖에 가르쳐 주시는데 따르질 못하니… 이어 고룡의 화동인물총기의 강의가 있었다. 매끄럽게 해석을 하며 진행하는 모습이 참 부럽다. 언제 저 경지에 이를까? 10시나 되어 정읍으로 들어서니 좌우 논밭에 금방 온 눈같이 수북이 쌓여 그간에 방송에서 눈난리 피해가 많았다는 말이 실감이 났다.

광주 송정을 지나 나주에 도착해 재실에 들어서니, 청담이 국당 윤현자씨와 청노 송부종교수와 함께 기다리고 있었다. 지난번에 이어서 우리의 뜻에 동참을 해주니 고맙고 반가웠다. 드넓은 터 마당 만리문(萬里門), 또 소슬대문을 들어서니 숙연문(肅然門)이 웅장하게 떡 버티고 있었다.

안쪽으로 들어서니 조동사(照東祠) 즉 영정을 모신 사당에 선생님께서 분향을 올리고 다같이 예를 드리고는 내려서니 동쪽엔 동덕사(東德祠), 서쪽엔 서덕사(西德祠)가 든든하게 양쪽으로 있었다. 건물들이 소박하고 우직하니 믿음직스러웠다. 우리는 사당 바로 뒷산에 공을 모신 단으로 올라갔다. 다른 곳은 아직 눈이 쌓였건만 이곳은 양지바르고 안온해 눈 한 점 남아 있지 않은 금잔디였다.

거북의 비석이 든든하게 공을 지켜주는 단에는 '파주 염씨양세사단기실비(波州 廉氏兩世祀壇記實碑)' 라 새겨져 있었다. 내려서는 길 옆에 멋진 소나무가 눈속에 더 푸른 빛으로 서있었고, 겨울속에 봄이 보인다고 소년처럼 말씀하시면서 세화선생님께서 둔덕에 숨어있는 파릇한 겨울초들을 가리키신다. 어쩜 저 연세에 저토록 고운 말씀을 하실까? 미리 방을 따뜻이 해주신 문중 분들과 인사를 나누고 공부에 들어갔다.

송은공은 파주 염씨로 공의 할아버지는 보리공신 벽상삼한삼중대광

도첨의문화시중 곡성부원군 (輔理功臣 壁上三韓三中大匡 都僉議門下侍中 曲城府院君)으로 시호는 충경(忠敬)이며, 아버지는 휘 국보(國寶) 보절협찬공신 삼중대광 서성군 예문관 대제학 우정승(保節協贊功臣 三重大匡 瑞城君 藝文館 大提學 右政丞)으로 대대로 높은 벼슬을 지낸 명문이다.

공 또한 어려서부터 영명하여 포은의 가르침을 받아 벼슬이 봉익대부 상호군 판종부시사(奉翊大夫 上護軍 判宗簿寺事)였으나 고려말 정치가 날로 그릇되어가고, 신군부와 훈구파의 정쟁이 나자 풍악산으로 피해 화를 면했으며, 임신변역엔 아들 폐와(閉窩)공과 만수산 서쪽 두문동에 초막을 지어, 세상을 끊고 절의를 지켰다. 새 조정에서 여러 번 불렀으나 나가지 않고, 절개를 지켰고 특히 자손에게 유계를 내리기를 과거장에 나가지 말라, 즉 벼슬 살지 마라, 벼슬은 화와 복을 가져다주니 집안을 지키기 어렵다고 했다 한다.

목은, 야은과 주고받은 시가 모두 보배라 하신다. 절절한 충절시로 백이 숙제와 같이 죽기를 원하며, 지하에서 포은 목은과 같이 놀겠다는 굳은 절개를 나타내고 있다. 특히 할아버지, 아버지, 아들 대대로 충신이요 절사의 가문이라고, 선생님께서 거듭거듭 강조 하신다.

우리 동천칠호에게 운자 동,숭,웅,충,풍(東崇雄忠豊)을 내려주시고, 문중에서 대접해 주신 푸짐한 점심을 들고나서, 청담이 갑고 선생님께 창을 청하자 아! 그 가락 구성지고 힘차고, 으아! 선생님께서도 흥이 나시니 주거니 받거니 다들 넋을 잃고 빠져 든다. 갑자기 우리가락 한마당이 펼쳐졌다. 이것이 바로 풍류다. 오늘은 두루두루 참으로 좋았다. 별 세계가 아닌가?

옛 선비들이 이렇지 않았으리 어찌 말로 글로 표현하리요.

자리를 뜨자니 아쉽고 또 아쉬우나 거리가 먼지라 문중분들께 고맙단 인사를 드리고, 청담 일행과 헤어져 귀경길에 올랐다.

안일당 이원희 씀

지키고 섬기면서
받들고 땀 흘리며

올곧은 길 따라서
한 걸음 한 걸음씩

들국화 야무진 망울
눈서리를 덮는다

벽고 장대열

뜬구름 잡지마라
거듭해 일러두고

된서리 먹구름에
홀로 서 지켰으니

솔그늘 짙은 내음을
그대만이 알리라

고 룡 맹 치 덕

흐릿한 안개 속엔
그 떨림 긁어 모아

동녘에 햇살 받아
솔잎이 빚은 구슬

눈부신 반짝거림들
짧고도 긴 남김들

욕천 최장호

꽃이면 지킨이요
나물은 고사리네

언제나 붉은 마음
아들도 이어받아

띠집에 사립문 닫고
바깥일은 끊었다

노산당 전향아

거듭된 어려움도
끝까지 견뎌내고

아들에 일러준 말
발라골 자랑어라

지킴이 고사리 노랜
튕길수록 새로워

갑고 홍영표

벼슬 길 가지 마라
이른 말 바로 지켜

큰 기둥 높은 마루
눈 속에 고요한데

봄 되면 한 아비 그려
모이는 이 한 마당

서봉 조철식

닭해의 끝자락에
그린 님 찾았더니

붉은 맘 한결 같아
남긴 글 구슬이라

곧은 길 아버지 아들
이어 이어 골 잘 해

안일당 이원희

어려움 비켜 보나
나라는 쓰러지니

문 걸고 지키면서
아들에 일러 주고

벗들과 주고받은 글
반짝이는 별이네

우인 경우수

올곧은 얼 지키기
산 적도 어렵거늘

아들에 피붙이도
따르라 일렀으니

목숨만 끊은 이보다
마음 깊이 더하네

석초 홍오선

비단 대 터 잡아서
큰 마루 얽었더니

앞선이 볕바른 따
섬기며 받들더라

귀한 글 구슬로 남아
바른 길로 이끈다

가산 임봉훈

어려운 그 때에는
나라를 붙들었고

다음엔 외로움을
곱씹어 삼키면서

아버지 할아버지에
부끄럽지 않게 해

서원 김용대

11. 서운재(書雲齋)에서

밤하늘 살핀다만
별빛이 흐리구나

며느리 믿음직해
집안을 맡겨놓고

몇 사람 뜻맞는 이와
남은 날을 같이해

최 중 관

▲ 서운재(書雲齋)

▲ 서운관정공단 앞에서

▲ 서운관정공 단

서운관정공 공부를 하며 ▶

서운재(書雲齋)에서

온 아흔한 번째 한가락 모임
때 : 4339(2006)년 2월 5일, 일요일, 맑음
곳 : 서운재(書雲齋) - 경기도 의왕시 포일동 광곡산

한가락 역사 탐방이 주로 고려말 충신들과 고려 개국공신들의 유적을 찾아 16년에 이르니 새로운 자료나 유적지를 발굴하기가 매우 힘들어졌다. 그런데 한시 공부와 시작(詩作)을 하는 회원들이 광곡산에 있는 고려말 충신 여와공 서견(徐甄)의 묘소를 탐방하여 한시를 짓고 내려오던 길에 안동 김씨들의 묘소에서 고려말 충신 서운관정공(書雲觀正公) 김수(金綏)선생의 단을 발견하고 한가락 모임의 지도교수이신 최권흥 선생님이 직접 문중에 연락하여 자료를 수집하고 온 아흔한 번째 탐방지로 정하게 되었으니 결코 우연히 아니라 하늘이 한가락 모임의 열정을 아신 것이니라.

역사 탐방지가 서울에서 가까운 곳이기에 오전 10시 사당역에 모인 회원들은 자가용 6대에 분승하고 출발하였다. 과천을 지나 인덕원 사거리에서 좌회전하여 5분쯤 가자 고가도로가 보이고 그 밑에 있는 주유소 바로 옆 건물이 서운관정공(書雲觀正公)을 모신 서운재가 있었다. 서운관정공파 종중회 이사장이신 김선호씨와 김규태, 김규면씨 등 문중의 여러 분이 반갑게 맞이해 주셨다. 가까운 곳에 있는 서운관정공의 설단에 참배하고 서운재로 다시 내려와 공부를 시작하였는데

다음과 같은 내용이었나.

공의 이름은 수(綏)로 안동 김씨이다. 고조의 이름은 방경(方慶)이며 벽상삼중대광도첨의중찬(壁上三重大匡都僉議中贊) 상락군(上洛君)으로 충렬(忠烈)이란 시호를 받으셨다. 증조의 이름은 순(恂)이며 밀직부사로 시호가 문영공(文英公)이시며, 할아버지의 이름은 영후(永煦)로 좌정승 예문관대제학(左政丞 藝文館大提學)을 지내셨고 시호는 정간공(貞簡公)이시다. 아버지의 이름은 장(蒇)으로 감찰사 장령이며 사헌부 집의에 추증되셨다. 서운관정공은 어려서부터 총명하였고, 부모가 일찍 돌아가셔 유모에게 양육되었다. 어른이 되어 음서로 산원(散員) 벼슬에 나가 서운관정공에 이르렀다. 고려가 망하자 벼슬을 버리고 고향으로 내려오니 새 조정에서 옛 벼슬로 여러 번 불렀으나 불사이군의 지조로 끝내 사양하였다. 때에 공양왕이 유배지 원주에서 간성으로 옮긴다는 소식을 듣고 동자 한 명을 데리고 따라가다가 평창에 이르러 병을 얻어 부득이 돌아왔다. 후에 동쪽에서 오는 사람이 있어 공양왕의 안부를 물으니 이미 왕이 돌아가셨다는 말을 듣고 흐느껴 울며 며칠 동안 식음을 전폐하였다. 공은 특히 야은 길재선생과 친하여 야은이 선산으로 낙향하자 송별시를 주면서 공의 뜻을 말하니 아래와 같다.

春風薇蕨待君香　　此去烏山卽首陽
古國遺臣餘白髮　　扶顚無策愧忠良

봄바람에 흩날리는 고비와 고사리는 그대의 향기니
돌아가는 금오산이 곧 수양산이라
고려의 남은 신하로 백발만 남아
기운 나라를 지킬 대책이 없으니 충신들에게 심히 부끄럽네

부인은 제주 고씨 회원장군(懷遠將軍) 가물(加勿)의 딸로 한 명의

아들을 낳았으니 이름이 질(晊)이며, 서견선생의 딸에게 장가들어 자행(自行)이란 아들을 두셨는데 경상관찰사를 지내셨다. 자료의 부족으로 대략적인 내용만을 공부하고 부근에 있는 내손식당으로 자리를 옮겨 문중에서 내는 점심식사를 대접받았다. 안동 김씨 서운관정공파 이사장님께서 말씀하시길 공의 묘소를 실전하여 후세에 전하지 못함이 통탄할 일이지만 문중이 힘을 모아 1970년 단을 설치하고 2002년 재실인 서운재를 준공하여 선조의 숭고한 정신을 전하게 되어 다행이라 하시며 특히 고려말 충신 서견선생이 후손이 없자 묘소를 보존하여 600여 년 동안 외손봉사를 해 온 점은 어느 다른 문중에서 없었던 일이라 하셨다. 공을 생각하면서 서울로 돌아오니 가까운 거리에 있어 다른 때 보다 일찍 도착하였다.

고룡 맹치덕 씀

날리는 늦 눈발에
솟을 집 넘나들며

샛바람 살랑 불 때
임 소식 물어볼까

처마끝 방울소리가
감아돌고 퍼지고

벽고 장대열

지는 해 바라보며
나달을 슬피 울고

마음을 다졌어라
깊은 뜻 가진 이와

그 모습 물결이 되어
씻어주는 시원함

고룡 맹치덕

한낮에 맑고 환해
숨죽인 달빛 별빛

뜨는 해 지는 해에
숨은 맘 들어낸다

밤하늘 컴컴할수록
뚜렷하다 내 갈길

욕천 최장호

내 임은 오직 한 분
그 별이 옮겨 간다

찾아서 모시리라
머흔 길 나섰으나

온몸이 으스스하니
며느리를 찾는다

노산당 전향아

넓은 골 뫼머리에
별보는 새 집이라

그 옛날 임을 만나
지난 일 듣고나니

그 임의 올곧은 뜻이
오는 나달 밝게해

갑고 홍영표

넓은 골 큰 다리곁
나란한 검정기둥

한 임금 그린 눈물
얼어서 솟았는가

손잡고 다시 나서
잘린 나라 잇기를

서봉 조철식

너른 골 볕바른 따
두즘게 우듬지라

비 바람 밤새맞고
갠 아침 기다린다

아들 딸 맺은 두 집안
여섯 온 해 받들어

안일당 이원희

봄철이 든다는 날
매서운 찬바람에

올곧아 찾아든 이
모두는 반가워라

믿어운 며느리 얻고
옛 생각에 눈물을

설전 임준신

하늘 일 살펴보니
구름에 가려 있고

옛 님을 찾았으나
그리도 할 수 없네

떠나는 벗에게 글 써
속 뜻 풀어 보였네

우인 경우수

고사리 간직한 뜻
마음 속 새겨 두고

두 임금 못 섬긴다
별 보고 다짐한 이

눈 바람 견딘 소나무
푸르름도 다르이

석초 홍오선

정겨운 사돈 사이
나라 일 함께 애써

기울던 별자리를
돌이킬 힘은 없고

깊은 밤 소쩍새 소리
뜬 눈으로 새우네

매현 김낙원

봄 오는 맑은 골에
올곧은 두 어진이

마주한 눕자리가
넉넉히 푸근하다

밤새워 별보던 나날
기다리는 갠 하늘

예주 김영기

솔마루 새로 읽어
옛 님을 기려본다

우뚝한 붉은 마음
마다한 높은 자리

여섯 온 외가 섬김은
온누리에 없으리

가산 임봉훈

옛 임금 받들기는
대나무 곧음 같고

새로운 부름에는
물리친 솔 마음에

무릎을 꿇고 앉아서
할아버지 우러러

서원 김용대

12. 도산재(陶山齋)에서

여러번 귀양살이
때마다 풀렸지만

마음은 오직 하나
깨끗이 지키련다

모두들 고마왔도다
술과 글로 달랜다

최 중 관

▲ 도산재(陶山齋)

▲ 정후공묘 앞에서

▲ 정후공 묘

정후공 묘제 ▶

도산재(陶山齋)에서

온 아흔두 번째 한가락 모임
때 : 4339(2006)년 3월 19일, 일요일, 맑음
곳 : 도산재(陶山齋) - 경기도 남양주시 와부읍 도곡리

입춘을 이틀 앞둔 양력 3월 19일 날씨가 너무 맑아 멀리까지 보이는 산에 오르기에 좋은 날씨이다. 늦은 오전 10시에 사당동에서 모이기로 하였기에 아주 여유롭다. 산과 들은 벌써 잠에서 깨어 솟아오른 쑥과 냉이가 봄바람 가득한 아낙에게 손짓을 해대고 있으니 어찌 가슴이 울렁거리지 않겠는가. 우리 한가락회원들은 흐르는 역사 속에 천년을 살아 숨쉬는 큰 어른을 만나뵙과 동시에 이 새록한 봄을 가슴으로 안아 느껴보려고 길을 나서고 있다. 10시 10분, 다섯 대의 승용차에 각각 나누어 타고, 덕소 와부 약국 앞에서 만나기로 하고 강변을 달리고 있다. 물결에 부서지는 햇빛은 흐드러지게 핀 봄 매화꽃잎 마냥 눈부시다. 꽃이 없어도 꽃이 있는 것으로 보이는 내 눈이 작은 마음의 깊이에 앞서가고 있다. 소식을 듣지 못했는데 마라톤 대회가 있어서 경찰들이 길을 막고 선수들을 보호하고 있다. 뛰고 있는 선수들의 젊음이 넘치는 건강미가 보기 좋다.

1차 만남의 장소에서 다시 산소로 향하는 짧은 거리동안 길이 좁은데다가 길에 주차한 차량이 많아 조심스럽게 산소에 다다르니 양지바른 야트막한 언덕에 젯상이 차려있어서 이곳이 우리가 찾는 곳이란

것을 금방 알 수가 있었다. 우리 한가락 회원은 엄숙하게 정후공 산소 앞에서 재배를 올리고 음복을 하였다. 산소는 공께서 아랫사람들을 껴안고 있는 형태로 맨 윗자리에 방분으로 누워계시며, 좌청룡 우백호가 높지 않게 포근히 에워싸고 있으며 안산이 시원한 것이 후손들이 부자가 될 것 같은, 문맹인 필자가 보기에도 볕바르고 좋은 곳이란 생각이 들었다.

특히 문중에서 정후공의 20세손이신 박종호 회장님을 비롯하여 많은 분들이 나오셔서 기뻐해 주시는 광경이란 손님의 마음까지도 흐뭇하여 행사의 모든 일정이 절로 흥이 나게 하는 문중의 배려에 깊이깊이 감사의 마음이 생긴다. 딱 점심시간이라 먼저 점심을 먹고 공부하기로 하였다. 문중에서 준비해 오신 음식을 산소 밑에다 자리를 펴고 둘러 앉아 먹는 맛이 바로 봄 소풍을 나온 기분이다. 날씨도 맑아 바람도 없이 따뜻하여 모든 분들이 정후공의 공덕이라 칭송하면서 맛있는 점심을 먹으니 새록새록 도시락 싸들고 들로 나가서 먹던 추억들이 되살아난다.

재실은 보수공사 중이라 들어갈 수가 없으니 바로 앞에 있는 후손의 집에서 공부하기로 하였다. 순천 박씨는 신라 박혁거세로부터 내려오는 박씨로서 유명하신 분들이 많아 다 나열할 수가 없고, 오늘 우리 한가락 회원이 공부하는 정후공에 대한 이야기만 하기로 하자.

정후공은 순천박씨로 천상(天祥)공의 맏아들로 이름은 가흥(可興)이며 자가 안중(安中), 시호는 정후(靖厚)이다. 대대로 내려오는 명문가의 집안이며, 음덕(蔭德)으로 벼슬에 나아가 여러 큰 직책을 맡아 나라의 어려운 일에 앞장서서 일하시며 사직을 도우셨던 분이시다. 우왕4(1378)년 예의판서(禮儀判書), 전법판서(典法判書), 군부판서(軍簿判書), 밀직부사(密直副使) 등 주요관직에 있었으나 나라의 운이 다하려는가 시샘하는 무리들이 많았으니 아- 어찌 이 울분을 다 삼킬 수 있으리오…… 당시 1388년 세도가였던 이인임(李仁任)의 인척(姻戚)이라는 당치도 않은 이유로 순천으로 귀양 갔다가 다음해에 다시 왕족인 영흥군(永興君) 왕환(王環)을 무고하였다 하여 아버지 천상(天祥) 전판개성부사(前判開城府事)와 함께 귀양가기도 하였다. 1390년에 드디어 나라의 크나큰 변고가 일어났으니 어찌 가만히 앉아 있으리요, 이성계를 제거하려던 윤이(尹彝), 이초(李初)의 옥사에 연루되어 심한 국문을 당하였으며, 원지(遠地)에 유배되었다가 다음해에 풀려나긴 하였으나 가산을 전몰당하고 한 곳을 지정하여 나오지 못하게 감금을 당하였으니, 훤훤장부로서 군사를 호령하시던 분이 타는 울분을 앉아서 삭이려니 얼마나 수모가 많았겠는가. 뒤에 정몽주의 탄원으로 석방되긴 하였으나 공께서는 남다른 뜻이 있었다. 새 조정에서 여러번 꼬이며 불렀으나 불사이군(不事二君)의 뜻을 굽히지 않으며 문을 닫고 세상의 일을 듣지 않으며 답답한 장부의 마음을 시를 지으며 울분을 삭였다. 공은 81세로 수명을 다하였으니 당시 세종이 부음을 듣고 3일간 조회를 거두었으며, 정후라는 시호를 내리고 예관을 보내 정성을 다하여 장사지내게 하였다. 당시로는 드물게 장수를 하였다. 부인은 진주정씨로 도첨의찬성사상호군청천군문량공(都僉議贊成事上護軍菁川君文良公) 을보(乙輔)의 따님이다. 1남 석명(錫命)과 6녀를 낳으셨고 두 번째 부인도 아들이 있었으니 순명(順命)이라 이름했는데 드러나는 기록에는 없으나 문중 기록엔 남아있다. 공께서 시와 술로 마음을 달랬다고 하여 남아 전하는 글이 있을 법도 한데 시를 발견하지 못하여 안타까운 마음 크다.

오늘 참으로 많은 문중 분들이 나오셔서 정말 박씨가문의 번창 일로가 한 눈에 보이는 듯하여 기쁨이 크다 특히 젊은 문학석사 아니 곧 박사가 되실 박상진(朴相進)씨의 역사물 작가라는 이름에 걸맞게 조상에 대한 열의는 아니, 알리고자 하는 욕심은 보는 이의 감탄을 자아냈다. 오늘은 많은 것을 보고 배울 수 있는 값진 날이었다. 일정을 마치고 서울로 올라오는 가벼운 기분은 참으로 오랜만에 가져보는 흐뭇함이다.

노산당 전향아 씀

뫼 너머 골짜기에
봄햇살 서성대다

또렷한 네모 무덤
어르듯 어우르듯

더러움 멀리하면서
가야할 길 따른다

벽고 장대열

모조리 빼앗긴 들
한 마음 그냥 주리

달콤한 알랑거림
손쉽게 넘어가리

끝없이 타는 속마음
맑은 술로 식힌다

욕천 최장호

힘겨운 귀양살이
용케도 견뎌냈다

기왓장 굽던 언덕
띠집을 얽어놓고

붓 하나 술 한 잔으로
모든 일을 잊는다

노산당 전향아

잡히고 또 잡혀도
귀양길 풀려난 건

하늘의 뜻을 따라
박넝쿨 우거진 뜻

골잘의 해가 더해도
하늘좇아 살리라

갑고 홍영표

새 벼슬 마다 한 건
아버지 함께 한 일

두어 번 귀양살이
곧은 맘 따라 한 일

비 머리 세 발 까마귀
하늘이 준 뜻 그림

서봉 조철식

도래솔 눕자리에
새싹이 뾰족뾰족

애와쁜 고운님이
깨끗이 지킨다락

노래와 한잔 술로써
기다리리 올제를

안일당 이원희

맑은 날 두터운 해
앞산이 일어나니

곧음이 뿌리되어
여러번 귀양살이

술과 글 벗을 삼아서
괴로움을 달랬네

설전 임준신

몰리고 쫓기어도
갈 길은 하나로다

벼슬로 꾀이지만
그 속셈 알만 하니

글 쓰고 술로 속 풀며
나의 길을 가리라

우인 경우수

지키기 어려워라
마음도 괴롭구나

독수리 사나운 짓
나랏님 자리 잃고

곧은 얼 찢긴 가슴에
귀양길만 외로워

석초 홍오선

별 바른 늪자리에
새싹이 여기저기

한 잔 술 노래하던
어진이 기림인가

오늘은 멀리서 온 손
잔 올리며 절하네

예주 김영기

시골에 돌아오니
봄바람 부드럽다

눕자리 옛날이여
네모나 남다르네

밝달로 으뜸 바램이
빛나도다 언제나

가산 임봉훈

별바른 따뜻함에
네모난 눕자리라

오늘은 서울 손님
술 한 잔 올리오니

즈믄 해 외로움일랑
씻으시라 깨끗이

서원 김용대

■ 부 록

歷史探訪講論資料

181	景烈祠	: 光州 北區	― 鄭 地	高麗忠臣
182	平章事公墓	: 江原 麟蹄	― 朴元浤	〃
183	敬止齋	: 全北 扶安	― 金 坵	〃
184	龍安祠	: 慶南 密陽	― 李思之	麗末節義忠臣
185	陶隱齋	: 慶北 星州	― 李崇仁	〃
186	龍岡祠	: 慶南 梁山	― 朴 諏	〃
187	崇義齋	: 慶北 金泉	― 李存仁	〃
188	望松齋	: 慶南 陜川	― 韓哲冲	〃
189	居平祠	: 全南 羅州	― 魯 愼	〃
190	忠敬書院	: 〃	― 廉致中	〃
191	書雲齋	: 京畿 義王	― 金 綏	〃
192	陶山齋	: 京畿 南楊州	― 朴可興	〃

No. 1

181. 景烈祠

景烈祠在光州廣域市北區望月洞鄭景烈公追
慕處也公諱地號退菴河東人魁偉之貌寬厚之性
篤志好讀書天性之孝以爲人之本至中郎將爲全
羅道按撫使擊倭寇時絶句曰錦城山屹屹木浦水
溶溶生我非忠孝山川不我容驪興王三年以禮儀
判書爲順天道兵馬使掃蕩倭敵樹大功陞全羅道
巡問使驪興王八年鎭浦南原南海大勝捷後以病
辭退俄而爲知門下府事歷海道元帥楊廣全羅慶
尙江陵道都指揮處置使驪興王十年拜門下評理

No. 2

同十三年上奏請東征不許翌年威化島回軍後咸
陽雲峰南原等地倭寇大破杆城王元年楊廣全羅
慶尙道節制體察使兼招討營田繕城事翌年以金
佇獄事流外地又以尹李獄事囚淸州獄釋放後歸
光州別墅以獄事之餘毒卒享年四十五也將軍甲
衣寶物三三六號石墓地方文化財記念物也讚曰

百五東風節日幾　南行千里春光緋
武珍山野故墟滿　望月洞門忠廟巍
景烈名功倭寇擊　麗朝吉福將軍頒
今時僭越單單計　合掌公刀快斷析

No. 3

182. 平章事公墓

平章事公墓在江原道麟蹄郡麒麟面縣里公諱
元浤後改名光挺考諱恒高麗三重大匡春城府院
君文懿公春川朴氏始祖以生公於春城郡獐本時
高麗高宗三十三年丙午也公文懿公長男新羅始
祖朴赫居世二十九世景明王七男江南大君十二
世孫而高麗元宗時文科選補中書門下省忠烈王
五年己卯三月丁巳日與金方慶將軍子忻等二十
五人以平章事正二品超授入朝元京歸還後忠烈
王二十九年癸卯與洪子藩上奏奸臣吳祁不正以

No. 4

忠孝遺德報國辭職再命春城郡屬縣麟蹄麒麟地
方萬戶任職以擊退東海岸倭寇盡老年之忠也忠
宣王二年庚戌頃卒尙享年六十五哉文武兼全能
官見危致命見得思義卒後爲地方守護神受鄕人
禮敬墓下道路命名下馬路配羅州鄭氏壁上三韓
三重大匡文靖公可臣女以子孫三代及第也讚曰

姑洗山川紅綠墟　一點東走淨源閭
平章事跡高明谷　下馬路威嚴大餘
上奏奸臣朝議正　退治倭寇海難紓
盡忠致孝爲神後　守護鄕民萬世居

No. 5

183.敬止齋

敬止齋在全羅北道扶安郡邊山面雲山里金文貞公追慕處也公諱坵初諱百鎰字次山號止浦扶寧人系出新羅國姓高祖諱春扶寧府院君曾祖諱仁順祖諱作新右僕射兼吏部尚書扶寧君考諱宜閤門祗候右僕射妣羅州金氏以高麗熙宗七年辛未生公自幼容貌端重氣度宏深四五歲多通經史時人稱神童十二歲登國學進士二十二擢文科第二知貢擧金仁鏡恨不置于魁李奎報曰繼我秉文衡者必此人初補定遠府司錄改濟州通判時濟之

No. 6

田無彊畔豪强得以蠶食橫奪民不堪其苦公聚石築垣正其經界禁其兼并而獸畜之患亦祛民皆便之至今傳頌遺址尚存入拜翰林庚子充書狀赴蒙古有北征錄歷玉堂除閤門祗候遷國學直講拜翰林院知制誥薦吏部侍郎命右諫議大夫兼中大夫國子祭酒翰林侍講學士知制誥上表辭王曰稟東壁之精擅西京之手頃者蒙主詔書至有辭旨懇款之語非爾所製之表情文曲盡感動上朝則曷以臻此哉五十七歲差監試試員兼修撰官修神熙康三朝實錄拜大司成歷左右僕射拜樞密院副使政堂

No. 7

文學進拜吏部尚書六十五歲冬改知僉議府贊成
事兼寶文閣大學士尋遷參文學事判版圖司事建
議置通文館以杜舌人姦私之弊丁丑拜世子貳師
以同修國史修高宗實錄六十八歲復拜參文學事
九月丁未卒王曰某曾拜平章事弔誄宜以平章書
之官庀葬事諡文貞公墓在邊山知止浦艮坐原公
性悃愊無華寡言語至論國事切直無所避善屬文
掌詞命上國徵詰殆無虛歲公久掌撰表遇事措辭
皆中於理以此多獲允兪元翰林學士王鶚每見表
詞必稱美恨不得見其面公初卜居于扶安縣東仙

No. 8

鶴洞又築室於縣西邊山海上名之以知止浦逍遙
兩處琴書自老訓誨後學嚴立課程人才蔚興先娶
朴氏後配慶州崔氏禮賓卿玠女生三男一女上晉
陽云兩世波瀾定海東泰山功後泰山功爵分萬户
猶毫末河潤三韓亦掌中胡影不侵榆塞月漢歌閑
倚玉樓風黑頭承相前應有綠鬢封侯始見公讚曰

匹馬加鞭南道驅　保安物色古風殊
羅孫鄉里高齋闊　麗史名家大宿儒
海島石橋當日跡　元朝答筆彼官瞿
白雲語後採文集　清曲慇懃片片瑜

No. 9

184 龍安祠

龍安祠在慶尙南道密陽市武安面衣進里李麗隱公追慕處也公諱思之京山人今碧珍也祖諱君常司宰副令考諱希慶兵馬都元帥於南道擊倭將阿只拔都破之後歸路被殘賊之害杆城王時公亦爲中郞將出陣倭寇掃蕩以多功未幾壬申變易守不事二君之節以投紱與七十二賢松都東南峴脫朝天冠以蔽陽笠入杜門洞後謂其子曰吾志已定矣汝若有進仕之意則應其意可也再入征岳山中與同志數人康安靖公徐麗窩南沙川李忘川趙松

No. 10

山嘯詠自適有三男長仲林大護軍次仲行生員次仲權也墓在慶尙北道星州郡草田面鳳亭里竹內山甲坐原嗚呼公實高麗國僕之臣其節義與牧隱圃隱騎牛子可讚揚也長然景賢祠密陽龍安書院配享俗論德論之勇哉柳沈那素那哉新羅讚德沈那父也奚論素那子也勇猛之父勇猛之子也讚曰

濃綠蓮貧山水堤 一東南走密城谿
龍安書院廟宮特 麗末節臣郞將稽
子繼父功倭寇擊 義崇猖介權門擲
京儒香火追懷裏 覺也千年正史栖

No. 11

185 陶隱齋

陶隱齋在慶尚北道星州郡修倫面新坡里李陶
隱公追慕處也公諱崇仁字子安星州人考諱元具
星山君妣彦陽金氏以二男三女中長生公高麗忠
穆王三年丁亥也自幼穎異魁偉文章典雅恭愍王
十一年文科肅雍府丞歷長興庫使兼進德博士禮
儀散郎藝文應教門下舍人成均館學官麗興王一
年拜典理總郎寶文直提學又爲成均司成右司議
大夫後以爲密直提學與圃隱實錄編纂麗興十二
年以正朝使入明而歸爲同知司事以爲李仁任烟

No. 12

戚流通州釋後爲簽書密直司事後爲藝文館提學
以趙浚上疏與權近流配又以彝初獄事入淸州獄
杆城王三年爲知密直司事同知春秋館事壬申變
易麗之登不朝峴言志曰陶河之世嗟已遠矣我安
適歸泫然涕泗後登雉岳山伏壇祭王也嘗鄭道傳
與公同師牧隱才名相埒而定向異道傳積不平及
新朝道傳爲柄臣以公爲圃隱之黨流于嶺南使私
人黃居正出宰公所配之邑一日之內杖公數百棍
縛載于馬馳數百里遂潰爛而死新朝元年也公享
四十六年墓在龍岩面本里洞後贈吏曹判書謚文

No. 13

忠命權近卞季良刊遺集權近曰天資英邁學問精博經史子集靡不貫穿所造既深所見益高卓然立乎正大之域至於佛老之言亦莫不硏究其是否數爲文辭高古雅潔卓偉精緻以至古律併儷皆臻其妙牧隱每加歎賞曰此子文章求之中國世不多得自有海東文士以來鮮有其比者也嗚呼公今讚曰

千里南行探訪差　星州史跡貴無涯
羅時本彼伽倻地　麗末節臣追慕齋
牧老歎稱才藝卓　鄭生怨惡同門乖
京儒讚曲流淸調　大義高風萬世佳

No. 14

186. 龍岡祠

龍岡祠在慶尙南道梁山市熊上邑龍塘里朴沙隱公追慕處也公諱諏初諱德興麗人系出新羅宗姓以興麗伯諱允雄爲貫祖之十六世孫也高祖諱林基贈吏部尙書曾祖諱周年門下侍中祖諱瑢門下侍中考諱吉甫通議大夫軍器監正以生公於松京世第性慷慨有大節文學夙成恭愍王朝登文科事四朝仕自韓州伯至忠淸監司忘身循國盡心贊襄河決則航以濟之廈傾則木以擎之入司喉舌則允當出納出宰方伯則宣化甘棠而澤流於民頌聲

No. 15

作而興望隆焉然時事日非國運危難公憂憤欲匡
救終麗運訖與同志入萬壽山杜門洞一日與從弟
翰林柳隱愈將歸蔚州與李牧隱吉冶隱告別作句
曰鵑啼蜀國三春血鶴返遼陽萬里心乃至善竹橋
不勝感恨吟句曰最是傷心處路過善竹橋既還先
到柳浦蘿巖作歌曰登彼蘿巖兮和採薇矣心如浮
雲兮無是非矣李侍中古注書忽焉別兮吾亦從吾
鄕歸矣遂入府北沙良洞仍號沙隱結茅爲廬編竹
竹爲窓終身閉户不出不與外人相接坐未嘗北向
跪亦不從北開闔不仰見天日所夕碎粒作糜僅延

No. 16

一縷之梁村人謂之韓州宅粥砧又豆粥宰相竟以
忠憤成疾以卒時人莫不哀憐猗歟偉哉日月更新
而公之心不更桑海易變而公之節不變志肝堅於
金石貞操潔於氷霜烈烈焉其峯乎山岳之氣炳炳
焉其昭乎日月之表可以激勸百世之頹綱薄俗也
墓在陶溪山艮坐原配清州韓氏合窆緬奉也讚曰

觀月老炎南走駄　梁山當到高祠開
廟堂初創二公奉　壇墠重修三位陪
携弟杜門千古節　歸鄕歎曲萬年絨
粥砧宰相傳言裏　過客齊襟奠一杯

No. 17

187. 崇義齋

崇義齋在慶尙北道金泉市甑項面智佐里李杜隱公追慕處也公諱存仁碧珍人始祖三重大匡碧珍將軍諱悤言十五世孫高祖諱成幹中門祗候大將軍曾祖諱晟神虎衛保勝郎將祖諱桓精勇衛中郎將考諱希牧判宗簿寺事贈工曹參議妣贈淑夫人隴西李氏玄門衛上護軍天植女以生公天資淸秀智慧過人志於文學文章英發忠孝克篤節義純備恭愍朝登文科官至工曹典書以淸白謙恭自許夙夜奮勵當麗末國事日非肅然棄官歸鄕隱居三

No. 18

道峰下逍遙泉石間樂詩酒琴棋以守大節慨世而終與配崔氏夫人葬于嶺南知禮縣大德山麓經大兵亂後失傳後孫成壇奉香火而已矣有一男德敬右司郎中也嗚呼幼而并三之志及沈那素那之資以當鷄雀交婚之世今勿稽之琴及臺樹松竹之心哉遠近京鄕追慕之客四時相接如鱗之由也讚曰

無射西風南走身　胸中麗末節行臣
金陵齋閣名崇義　李姓華門貫碧珍
弊屣貴榮歸白屋　逍遙泉石遠紅塵
杜公忠孝繼家道　始祖遺香今日新

No. 19

188. 望松齋

望松齋在慶尚南道陜川郡龍州面龍旨里韓夢溪公追慕處也公諱哲冲字弘道清州人高祖諱傳文林郎曾祖諱平侍尚書左僕射祖諱璉寶文閣直提學考諱希迪中顯大夫禮儀判書妣陜川李氏寶文閣直提學桂齡女以忠肅王八年辛酉生公聰穎過人踐履精篤邃於經學富於文章洪範之書恒誦不輟與牧隱圃隱冶隱樵隱耘谷諸賢爲道義之交嘗與牧隱同中大小科牧隱推許曰文章非吾所及操守則丞相封侯亦不介意樵隱贈詩曰經術儒爲

No. 20

貴廉能世所賢忠肅王後位二年辛巳中生員進士恭愍王二年癸巳登文科歷官司憲府掌令楊廣道按廉使陞禮儀判書遷奉翊大夫典法判書與諸賢同心戮力協輔王室麗運既訖遂入杜門洞守其志以獻于先王後退居于高靈之碧松亭寓其歲寒之志再隱于尚州白原山中新朝累徵終不起避隱于陜川釣洞有詩曰落日清溪上閒卧夢前朝因自號曰夢溪公凡三娶初配李氏次安東權氏代言確女又永嘉張氏判衛尉之順女有四男二女男珍郡守廉牧使兼獻納讓校尉女適郡守晉州柳伯通大司

No. 21

憲興陽李娘公臨終謂家人曰亡國之大夫名與俱亡可也命火其著書又命不封墓不竪石又命子各邑以居某年六月二十五日卒葬于郡西中山粉土洞桃子原嗚呼我檀君以來數千餘載貞忠偉節莫盛於麗季諸賢世稱杜門洞七十二賢也然其數則但多數之意而已矣實其數以百算之上也哉讚曰

坤月山川霜葉紋　一車南走江陽云
高齋瓦屋雄姿谷　大節孤臣隱遯奔
牧老同科推奬許　子孫遺戒義方責
雲仍隨祖望松裏　遠客整襟香火契

No. 22

189 居平祠

居平祠在全羅南道羅州市文平面東院里魯岳隱公追慕處也公諱愼字遂初咸豊人高祖諱仁厚禮部尚書曾祖諱貴道平章事咸豊君謚文安祖諱彰文典客令密直司事考諱滋姪寶文閣直提學贈同樞密院副使以生公於松京可助里忠肅王復位五年丙子也氣宇卓犖志節清高七歲從提學公受史記八九歲善屬文辭十二三能通經史十七八遂成鴻儒隱廣州別庄篤於事親以禮終喪從游當時聞人李遁村李牧隱鄭圃隱吉冶隱朴漁隱閔農隱

No. 23

金樹隱田埜隱諸賢爲道義師友每論經理忘餐達
宵書示與國同休戚之說諸公曰國家板蕩之良臣
非子而誰及恭愍王初以蔭拜監務歷遷正尹上護
軍持心剛直與事無欺同朝皆重之及八年己亥紅
巾賊沙劉關陷義州長驅陷西京大駕赴安東公與
諸將出奮擊遂平賊從策一等勳十二年壬寅金鏞
之亂又策一等勳封咸豊君及壬申變易與諸賢入
寶鳳山杜門不出自號歸隱守不事二君之節義後
隱于咸豊初諱哲改愼此愼終如始之意又號歸隱
改岳隱此不忘松岳之意也每月朔登村後山望松

No. 24

京哭四拜而下人今名其岳曰望岳有三男長成顏
縣監仲希顏進士季有顏翰林嘗寄金判書冲漢樹
隱謫南原詩曰義拒新王使忠全舊國臣今吾歸底
處却羨逐遐濱又有與農隱曰將隱論實獲我心愼
來此無一味祗涙望松岳而已近誡縣兒曰汝事新
國當如我事麗矣聞以勿仕遺誡自不覺覥然讚曰

千里錦城匹馬奔　黃鍾曠野秋成恩
濟時巨邑富豪地　麗末節臣逃世嶽
每朔望松歎息涙　號名改定堅心敝
紅巾賊亂大功樹　魯閥三韓忠烈門

No. 25

190. 忠敬書院

忠敬書院在全羅南道羅州市三綮祠廉松隱公
追慕處也公諱致中坡州人高祖諱承益興法佐理
功臣壁上三韓三重大匡都僉議中贊上將軍判典
理監察司事謚忠靖曾祖諱世忠中顯大夫監門衛
大護軍祖諱悌臣忠誠守義同德論道輔理功臣壁
上三韓三重大匡都僉議門下侍中曲城府院君謚
忠敬考諱國寶推忠保節協贊功臣三重大匡瑞城
君藝文館大提學右政丞以生公自幼英明受業圃
隱之門以忠孝爲本文章德行卓異驪興王元年乙

No. 26

卯文科官歷親御軍護軍至奉翊大夫同知密直司
事商議會都監事上護軍兼判宗簿寺事當麗末國
運日非發新軍部勳舊派間政爭驪興王十四戊辰
正月被慘禍公隱于楓岳山壬申變易後與子閑窩
公脫絓服掛松京南門外樹入萬壽山西杜門洞築
草幕絶世事守節義新朝以禮曹參判屢徵終不起
子孫遺戒曰忠孝爲本經學爲業以保門户勿事科
第勿求官達以遠禍辱而終生也閑窩公諱怡從父
志作採薇歌黃菊詩杜門不出而終也牧隱詩曰根
支危石輕霜雨枝捍勁風作雨雷從來點檢盈虛數

No. 27

獨也他時爾不權治隱詩曰滄桑一世兩衰翁涕淚
相從落葉風裡把丹心期不負柴門長掩碧山中公
相和詩曰此生無地寄餘生生亦何爲死可榮一哭
秋雲尋處去西山落日照心明又曰亡國孤臣已白
頭柴門一閉十三秋人間但願夷齊死地下同從圃
牧游嗚呼松柏後凋之節以不忘松都之義哉讚曰

臨月朔風走大寒　南行千里錦城曼
邑中忠蔽大書院　麗末節臣深考槃
新舊葛藤纔避禍　詩文師友臭如蘭
詠松黃菊採薇曲　父子雙貞高義爛

No. 28

191. 書雲齋

書雲齋在京畿道義王市浦一洞鹿谷山金書雲
觀正公追慕處也公諱綏安東人高祖諱方慶壁上
三重大匡都僉議中贊上洛君謚忠烈曾祖諱恂密
直副使加重大匡謚文英祖諱永煦左政丞藝文館
大提學謚貞簡考諱蕆監察司掌令贈司憲府執義
以生公自幼英敏早失怙恃得乳媼保養及成人以
蔭補散員轉至書雲觀正當壬申變易投紱歸鄉新
朝以舊官屢徵自陳不事二君之志辭終不就時聞
杆城王自原州移杆城携一奚童徒步往至于平昌

No. 29

得病不得已歸還其後人有從東來者輒問舊君安否及聞其卒歔欷涕泣至於累日廢飧公與冶隱最親交其歸善山送以詩曰春風薇蕨待君香此去烏山即首陽古國遺臣餘白髮扶顚無策愧忠良後以有孫貴追贈參議配濟州高氏懷遠將軍加勿之女有一男諱睍娶徐甄女生諱自行慶尙觀察使也讚曰

步涉馳來廣谷山　北乎安坐一齋𤅷
楣名新筆美粧揭　檐角風鈴淸韻鸎
地理天文通達智　冶翁送別吟聲環
麗窩査頓隱同道　大節遺香芝又蘭

No. 30

192. 陶山齋

陶山齋在京畿道南楊州市瓦阜邑陶谷里朴請厚公追慕處也公諱可興字安中順天人曾祖諱淑貞寶文閣大提學祖諱元龍檢校吏部侍郎考諱天祥都僉議侍中平陽府院君妣原州元氏成安府院君頴女又星州李氏褒女以生公於忠穆王三年丁亥三男一女中長也初仕蔭職散員累遷爲三司左尹驪興王四年慶尙道按廉使後除密直司右副大言陞禮儀判書歷典法判書軍簿判書以驪興王迎立謀議之罪流配於順天又以尹彛李初之獄事再

No. 31

投獄後遠地流配俄而赦歸鄕後新軍部之誘惑終
不起壬申變易後絶世事杜門不出以詩酒鑠鬱憤
又侍中公不聽新朝之請以家産籍沒耐久大禍後
子錫命爲佐命功臣受追贈爲平陽君檢校右政丞
諡靖厚也配辰韓國夫人晋州鄭氏都僉議贊成事
上護軍菁川君文良公乙輔女育一男六女也讚曰

卯月春分二日前　新莘草木漢江邊
楊州陶谷高齋蕭　瓦阜臺山古兆慶
投獄流刑嘆艱苦　杜門絶事守唯獨
歸鄕詩酒爲消遣　青史清光大節傳

엮고나서

아침에 출근하면서 갑자기 전기선을 뽑지 않고 나온 것 같은 마음에 종일토록 머리가 복잡했으며 전기선 생각만 했다.

퇴근과 동시에 얼른 달려갔더니 다행히 정리가 잘 되어있었다.

며칠 전에도 가습기 선을 뽑지 않고 나온 것 같은 생각에 하루를 어찌 보냈는지 몰랐는데 오늘 또 같은 실수를 하다니, 이젠 깜박깜박 잊기를 잘한다. 금방 손에 들고 있다가도 나중에 보면 어디에 두었는지 한참을 찾아야만 하니, 큰일이다. 글 쓰는 사람의 재산은 기억력과 상상력인데 이젠 하나 둘 소멸되고 있으니 통곡할 일이다. 영혼과의 한바탕 놀이에 점점 가까이 다가가고 있는가보다. 바빠서 그렇다는 핑계로 우겨보지만 자신이 더 잘 알고 있는 것을, 게으름과 노력하지 않는 탓이라는 것을……

이제 한가락 책도 16집이 나오게 되었다. 한 해, 한 해, 책 만들기 16년째인 우리 회원들 모두 쌓인 경력 탓인가! 아님 편리한 컴퓨터의 위력 탓인가 한결같이 여유로워진 회원들 덕에 총무인 나만 홀로 얼빠진 느낌이다.

그런들 어쩌랴 원고야 좀 늦어도 좋다. 이끌어 주시는 중관선생님을 비롯한 우리 한가락 회원 모든 분들 한결같이 건강하시면 된다.

이젠 사무실도 한강 가 바람도 시원하며 조용하고도 편안한 곳으로

옮겨놓았으니 한가락 모임 앞길에 서광이 비친다

도와주신 모든 분들께 머리 숙여 감사드리며, 이왕 늦은 것 나도 차나 한잔 마시며 맑은 향을 코끝으로, 마음으로 음미해보자. 그러면 한결 맑아져서 좋은 생각이 나겠지……

붉은 개해 뱀달에

노산당 전향아 씀

한가락 찾아간 차례

4323. 4. 29 ~ 4339. 3. 6 (192회)

한가락 모임

한가락 모임

■ 시작

중관 최권흥 선생님으로부터 한문공부를 하던 사람들이, 한문공부는 우리의 과거사를 알기 위해서이고, 우리의 과거를 바르게 알지 못하고서는 남의 앞에 서는 지도자가 될 수 없고, 지도자란 바로 우리의 옛 선비정신을 갖추어야 되는데, 바로 그 옛 선비의 멋 중에는 시조란 풍류가 있다는 것을 알게 되었다.

고룡, 욕천, 노산당 등 12명이 뜻을 모아 따로 한문공부를 계속하여 우리의 역사를 올바르게 알며, 또 시조공부를 통해 선비로서의 멋까지도 아울러서 남을 이끄는 지도자로서의 소양도 길러보고자 역사의 현장 즉, 우리 역사 속에서 남달리 훌륭한 지도자적 삶을 살다간 분들의 유적지를 찾아가 그 정신을 시조로 읊어보고자 했다.

1990년 4월 29일, 중관 선생님을 모시고 경기도 포천군 신북면 고일리 왕방산 밑에 있는 고려말 절의충신 성여완 이헌묘를 찾아가 시조를 읊고, 모임의 이름을 '한가락'이라 선생님께서 붙여주셨다.

■ 활동

주례활동 - 매주 목요일 19시~21시, 역사공부, 시조공부

월례활동 - 매월 첫 일요일, 역사탐방을 통해 현장에서의 역사공부와 시조 지어 읊기로 시조의 원형 되살리기

연례활동 - 매년 4월 29일, 시조집 발간 출판기념회 및 연구발표

※ 현재 역사탐방 193회로 시조집 1~16집과 기타 연구집 12권을 출간함.

차례	곳	사 람	이떤 이	고 을	날 짜	한가락
1	怡軒墓	成汝完	고려말 충신	경기 포천	4323. 4.29	제 1권
2	金水亭	楊士彦	조선조 선비	경기 포천	5.27	〃
3	洗心亭	趙 昱	〃	경기 양평	6.24	〃
4	寶山亭	朴 禎	고려말 충신	경기 양평	7.22	〃
5	聽松墓	成守琛	조선조 선비	경기 파주	9. 9	〃
6	壯節公墓	申崇謙	고려 개국공신	강원 춘성	10.14	〃
7	耘谷墓	元天錫	고려말 충신	강원 원주	11.11	〃
8	牧隱墓	李 穡	〃	충남 서천	12. 9	〃
9	觀瀾亭	元 昊	조선조 생육신	충북 제천	4324. 1. 3	〃
10	採薇亭	吉 再	고려말 충신	경북 구미	2. 3	〃
11	氷玉亭	金令貽	〃	충북 영동	3.17	〃
12	邀僊亭	楊士彦	조선조 선비	강원 영월	4. 1	제 2권
13	避世亭	趙 紳	고려말 충신	충북 괴산	5.26	〃
14	紫薇亭	李 午	〃	경남 함안	6.29	〃
15	東皐亭	李英吉	조선조 선비	충북 청원	7.28	〃
16	月巖亭	金 澍	고려말 충신	경북 선산	8.25	〃
17	獨守亭	全新民	〃	전남 담양	9. 8	〃
18	返舊亭	權 定	〃	경북 영주	10. 6	〃
19	永思亭	劉 懽	〃	경남 거창	11.10	〃
20	花樹亭	具 鴻	〃	대구 북구	12. 1	〃
21	隅谷亭	鄭 溫	〃	경남 진양	4325. 1.11	〃
22	教授亭	趙承肅	〃	경남 함양	2. 9	〃
23	陟西亭	洪 魯	〃	경북 군위	3. 8	〃
24	洗心亭	南知言	조선조 선비	충북 영동	4.12	제 3권

차례	곳	사 람	이떤 이	고 을	날 짜	한가락
25	南下亭	金 佇	고려말 충신	경북 예천	4325. 5. 5	제 3권
26	永慕亭	愼義連	조선조 효자	전북 진안	6.14	〃
27	醉石亭	金景熹	조선조 선비	전북 고창	7. 5	〃
28	梅鶴亭	黃耆老	〃	경북 선산	8.24	〃
29	梅菊亭	李兆年	고려말 선비	경북 고령	9.20	〃
30	越松亭	李 行	고려말 충신	경북 울진	10.3～4	〃
31	草澗亭	權文海	조선조 선비	경북 예천	11. 1	〃
32	臥仙亭	太白5賢	〃	경북 봉화	12. 6	〃
33	洗川亭	吳國華	고려말 충신	경북 의성	4326. 1.10	〃
34	三詠亭	柳漢禎	조선조 선비	경북 군위	2. 7	〃
35	如此亭	張 檠	〃	경북 구미	3. 7	〃
36	天雲亭	李萬敷	〃	경북 상주	4.18	제 4권
37	丹丘館	金 後	고려말 충신	경남 산청	5.16	〃
38	詠歸亭	金光粹	조선조 선비	경북 의성	6.13	〃
39	江昌閣	全文軾	고려말 충신	전북 진안	7. 4	〃
40	萬景亭	尹師晳	조선조 선비	충북 청원	8.22	〃
41	松谷祠	柳方澤	고려말 충신	충남 서산	9.19	〃
42	睡仙亭	宋眞儒	조선조 선비	전북 진안	10.17	〃
43	望京樓	閔安富	고려말 충신	경남 산청	11. 7	〃
44	魯岡齋	柳 藩	〃	경북 합천	12. 5	〃
45	龍浦齋	申 祐	〃	경북 의성	4327. 1. 9	〃
46	種善亭	琴應石	조선조 선비	경북 봉화	2. 6	〃
47	景德齋	姜淮中	고려말 충신	경기 고양	3. 6	〃
48	歸來亭	申末舟	조선조 선비	전북 순창	4.10	제 5권

차례	곳	사 람	이떤 이	고 을	날 짜	한가락
49	瑞雲齋	全五倫	고려말 충신	강원 정선	4327. 5. 8	제 5권
50	枯松亭	金忠柱	조선조 선비	경기 시흥	6.12	〃
51	景杜齋	金冲漢	고려말 충신	전북 남원	7. 3	〃
52	居然亭	全時敍	조선조 선비	경남 함양	8.21	〃
53	永慕齋	金士廉	고려말 충신	충북 청원	9.11	〃
54	德川齋	柳興龍	조선조 선비	충북 청원	10.16	〃
55	尋源亭	鄭芝榮	〃	경남 함양	11. 6	〃
56	大承齋	崔 瀁	고려말 충신	전북 완주	12. 4	〃
57	高德齋	李養中	〃	경기 광주	4328. 1.15	〃
58	醉睡亭	金可行	〃	경남 거창	2. 5	〃
59	基洞書院	李 瓊	〃	경남 거창	3. 5	〃
60	建溪亭	章大莊	〃	경남 거창	4. 2	제 6권
61	成仁堂	朴可權	〃	경북 성주	5. 7	〃
62	永慕齋	玄玉亮	〃	경북 예천	6. 4	〃
63	靖慕齋	金五行	〃	전북 고창	7. 2	〃
64	慕松齋	崔 淸	〃	경기 양주	8.20	〃
65	五柳書社	朴 愈	〃	충남 예산	9.17	〃
66	崇德齋	普于蘭	〃	전북 남원	10. 1	〃
67	敬慕齋	李攀桂	〃	강원 횡성	11. 5	〃
68	三松齋	朴宜中	〃	전북 김제	12. 3	〃
69	漁隱齋	卜渭龍	〃	충남 홍성	4329. 1. 7	〃
70	崇慕齋	殷莘尹	〃	경기 용인	2. 4	〃
71	繼敬齋	金世英	〃	전북 부안	3. 3	〃
72	孝思齋	裵尙志	〃	경북 안동	4. 7	제 7권

차례	곳	사 람	이편 이	고 을	날 짜	한가락
73	時思齋	晋如蘭	고려말 충신	전북 남원	4329. 5. 5	제 7권
74	聚遠亭	全 淑	〃	충북 옥천	6. 2	〃
75	景義齋	沈元符	〃	경북 청송	7. 7	〃
76	駒城齋	李中仁	〃	경기 용인	8.18	〃
77	桑村齋	金自粹	〃	경기 광주	9. 8	〃
78	慕先亭	朴 翊	〃	경남 밀양	10. 6	〃
79	淸襟亭	李 致	〃	경남 합천	11. 3	〃
80	望慕齋	田貴生	〃	충남 홍성	12. 1	〃
81	隨日齋	金 濟	〃	경북 상주	4330. 1. 5	〃
82	景慕齋	玉斯溫	〃	경남 의령	2. 2	〃
83	退隱亭	李 嶷	〃	경북 영주	3. 2	〃
84	舞雩亭	蔡貴河	〃	경북 상주	4. 6	제 8권
85	龍湖齋	范世東	〃	광주 북구	5. 4	〃
86	墨井書院	申德隣	〃	충북 청원	6. 1	〃
87	永慕亭	林 卓	〃	전남 나주	7. 6	〃
88	岐谷亭	林蘭秀	〃	충남 연기	8.17	〃
89	聽之亭	鄭 熙	〃	광주 서구	9. 7	〃
90	景忠齋	都 膺	〃	충남 예산	9.28	〃
91	白松齋	安 俊	〃	경북 예천	11. 2	〃
92	崇義齋	白 莊	〃	전북 장수	12. 7	〃
93	日新齋	盧俊恭	〃	광주 북구	4331. 1. 4	〃
94	扶陽齋	金居翼	〃	충남 부여	2. 1	〃
95	麗日齋	孔 僖	〃	전남 여수	3. 1	〃
96	風浴樓	成 溥	〃	전북 고창	4.12	제 9권

차례	곳	사 람	이면 이	고 을	날 짜	한가락
97	鶴陰齋	曺繼芳	고려말 충신	경남 창녕	4331. 5.10	제 9권
98	永慕齋	程 廣	〃	광주 서구	6.14	〃
99	常山齋	宋匡輔	〃	충북 진천	7. 5	〃
100	開雲齋	金先致	〃	경북 상주	8.23	〃
101	齋洞書院	宋 侃	단종 충신	전남 고흥	9. 6	〃
102	懿德祠	車原頫	고려말 충신	경기 평택	10.11	〃
103	瞻慕齋	金九鼎	〃	경북 상주	11. 1	〃
104	直山齋	林 鷺	〃	경북 예천	12. 6	〃
105	松月祠	林先味	〃	전남 화순	4332. 1.10	〃
106	松塢墓	金承露	〃	충남 연기	2. 7	〃
107	麗窩墓	徐 甄	〃	경기 의왕	3. 7	〃
108	道淵書院	許 麒	〃	경남 고성	4.11	제10권
109	務安齋	兪 藏	〃	경기 양주	5. 2	〃
110	崇義齋	張輔之	〃	경북 의성	6.13	〃
111	月峴祠	朴 忱	〃	전남 영광	7. 4	〃
112	南谷齋	李釋之	〃	경기 용인	8.22	〃
113	嵋南齋	趙 瑛	〃	전북 순창	9.12	〃
114	謙川書院	趙 瑜	〃	전남 순천	10. 3	〃
115	華巖書院	白仁寬	〃	대구 북구	11.14	〃
116	享保齋	梁 祐	〃	전북 남원	12. 5	〃
117	淸溪書院	鄭天益	고려 충신	경남 진주	4333. 1. 9	〃
118	錦南齋	吳尙德	고려말 충신	전북 남원	2. 3	〃
119	大興君墓	李連桂	〃	경북 의성	3. 5	〃
120	塹星壇	檀君	개국 시조	인천 강화	4. 2	제11권

차례	곳	사 람	이떤 이	고 을	날 짜	한가락
121	忠孝齋	李義碩	단종 충신	충북 청원	4333. 5. 7	제11권
122	松軒墓	薛 馮	고려말 충신	경기 용인	6. 4	〃
123	慕先齋	金允南	〃	경기 파주	7. 6	〃
124	白頭山	桓雄	개천 상조	함경도	8.4～6	〃
125	心源亭	全春源	조선조 선비	경남 거창	9. 3	〃
126	汾水齋	尹 瓘	고려 장군	경기 파주	10. 1	〃
127	山泉齋	李思敬	고려말 충신	경북 김천	11. 5	〃
128	慕先齋	元 宣	〃	경기 의정부	12. 3	〃
129	斗山齋	許有全	고려 충신	인천 강화	4334. 1. 7	〃
130	忠慕齋	南乙珍	고려말 충신	경기 양주	2. 4	〃
131	花園齋	石汝明	〃	충북 충주	3. 4	〃
132	石圃齋	金 路	〃	경기 여주	4. 1	제12권
133	松菴亭	朴門壽	〃	전북 남원	5. 6	〃
134	四可齋	李奎報	고려 선비	인천 강화	6. 3	〃
135	金笠墓	金炳淵	조선조 선비	강원 영월	7. 1	〃
136	南昌齋	孫孝貞	고려말 충신	충남 논산	8. 5	〃
137	永慕齋	徐 開	고려 선비	충남 예산	9. 2	〃
138	延華祠	李元發	고려말 충신	경기 용인	10. 7	〃
139	履露齋	孫 策	〃	전남 보성	11. 4	〃
140	忠壯祠	南以興	조선조 장군	충남 당진	12. 2	〃
141	重先齋	宋 寅	고려말 충신	전남 고흥	4335. 1. 6	〃
142	永思閣	羅繼從	〃	전남 나주	2. 3	〃
143	栗里祠	申 淇	〃	충남 서천	3. 3	〃
144	永思齋	李 棹	고려 개국공신	충남 연기	4. 7	제13권

차례	곳	사 람	이떤 이	고 을	날 짜	한가락
145	時調碑	李義碩	한가락 시조	충북 청원	4335. 5. 4	제13권
146	鳳岡齋	尹莘達	고려 개국공신	경북 포항	5. 5	〃
147	春福齋	孫兢訓	〃	경남 밀양	6. 2	〃
148	太師祠	卜智謙	〃	충남 당진	7. 7	〃
149	歲一齋	韓　蘭	〃	충북 청원	8. 4	〃
150	德星堂	崔知夢	〃	전남 영암	9. 1	〃
151	武烈公墓	裵玄慶	〃	경북 칠곡	10. 6	〃
152	寒泉書院	全以甲 全義甲	〃	경북 달성	11. 3	〃
153	彌石齋	金宣弓	〃	경북 구미	12. 1	〃
154	敬思齋	柳車達	〃	광주 광산구	4336. 1. 5	〃
155	豊壤齋	趙　孟	〃	경기 남양주	2. 9	〃
156	太師廟	庾黔弼	〃	충남 부여	3. 2	〃
157	遠慕壇	朴英規	〃	충북 청주	4. 6	제14권
158	陵洞齋	權　幸	〃	경북 안동	5. 4	〃
159	松林齋	成思齊	고려말 충신	경남 창녕	6. 1	〃
160	崇悳齋	金萱述	고려 개국공신	경북 구미	7. 6	〃
161	杜菴墓	全　貰	고려말 충신	강원 정선	8. 3	〃
162	城谷齋	張貞弼	고려 개국공신	경북 안동	9. 7	〃
163	追遠齋	邉安烈	고려말 충신	경기 남양주	10. 5	〃
164	崇祖壇	李堅雄	고려 개국공신	충남 천안	11. 2	〃
165	台庄齋	金宣平	〃	경북 안동	12. 7	〃
166	敬收堂	李悤言	〃	경북 성주	4337. 1. 4	〃
167	慕隱壇	蘇格達	〃	경기 안성	2. 1	〃
168	慕麗壇	邉　肅	고려말 충신	경기 포천	3. 7	〃

차례	곳	사 람	이 떤 이	고 을	날 짜	한가락
169	景慕祠	羅聰禮	고려 개국공신	전남 나주	4337. 4.11	제15권
170	聚斯堂	金 佶	〃	전남 담양	5. 2	〃
171	篁山祠	崔必達	〃	강원 강릉	6. 6	〃
172	鶴山書院	朴允雄	〃	경남 울산	7. 4	〃
173	學士公墓	李 皐	고려말 충신	경기 수원	8. 1	〃
174	戀主閣	康得龍	〃	경기 과천	9. 5	〃
175	壯景公壇	許宣文	고려 개국공신	경기 김포	10. 3	〃
176	鳳山祠	姜以式	고구려 장군	경남 진주	11. 7	〃
177	飮水齋	金方慶	고려말 장군	경북 안동	12. 5	〃
178	仁興書院	秋 適	고려말 선비	대구 달성	4338. 1. 9	〃
179	永慕堂	李湯休	고려말 충신	전북 임실	2. 6	〃
180	湖隱墓	洪 演	단종 충신	경기 양주	3. 6	〃
181	景烈祠	鄭 地	고려 충신	광주 북구	4. 3	제16권
182	平章事公墓	朴元浤	〃	강원 인제	5. 1	〃
183	敬止齋	金 坵	〃	전북 부안	6.12	〃
184	龍安祠	李思之	고려말 충신	경남 밀양	7. 3	〃
185	陶隱齋	李崇仁	〃	경북 성주	8. 7	〃
186	龍岡祠	朴 諏	〃	경남 양산	9. 4	〃
187	崇義齋	李存仁	〃	경북 김천	10. 9	〃
188	望松齋	韓哲冲	〃	경남 합천	11.20	〃
189	居平祠	魯 愼	〃	전남 나주	12. 4	〃
190	忠敬書院	廉致中	〃	전남 나주	4339. 1. 8	〃
191	書雲齋	金 綏	〃	경기 의왕	2. 5	〃
192	陶山齋	朴可興	〃	경기 남양주	3.19	〃

한가락 열여섯 번째 시조모음

2006년 4월 22일 인쇄
2006년 4월 29일 발행

엮은이 한가락 모임
펴낸이 김 영 환
펴낸곳 도서출판 **다운샘**

138-857 서울특별시 송파구 오금동 48-8
전화 (02)4499-172~3
전송 (02)431-4151
등록 1993. 8. 26 제17-111호

ISBN 89-5817-151-0 03810

값 12,000원